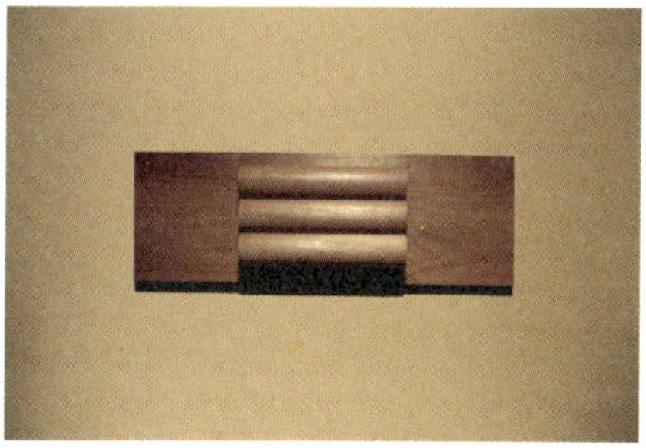

GUILLERMO
HEVIA GARCÍA

Todo proyecto esconde un orden

Every Design Conceals an Order

Guillermo Hevia García
Todo proyecto esconde un orden
Every Design Conceals an Order

Primera edición, 2018 | First edition, 2018

ISBN 978-607-9489-42-7

Campeche 300, PH
Colonia Hipódromo, 06100
Ciudad de México

Textos | Texts

Arquine

Director | Director
Miquel Adrià
Editora | Editor
Andrea Griborio
Dirección editorial | Editorial director
Selene Patlán
Coordinación editorial | Editorial coordinator
Miguel Caballero
Diseño | Design
Ápice | Diego Beauroyre y Maira Fragoso
Corrección de estilo | Copy editing
Pedro Hernández
Christian Mendoza
Traducción | Translation
Gregory Dechant
Prepensa | Prepress
Emilio Breton

www.arquine.com

Un libro editado por Arquine en colaboración con EdicionesARQ / A book edited by Arquine in collaboration with EdicionesARQ

GUILLERMO
HEVIA GARCÍA

Todo proyecto esconde un orden

Every Design Conceals an Order

Arquine

Systematizing Imaginaries

Andrea Griborio

Guillermo Hevia García is a very sophisticated young architect. He must have heard, growing up as a child at home, Le Corbusier's famous formulation that "architecture is the masterly, correct, and magnificent play of volumes brought together in light."[1] Perhaps that is why his works seek always to construct unprecedented experiences by laying down rules that transcend Le Corbusier's aphorism: spatial strategies involving interior and exterior that generate fluid and refined spaces. Hevia understands that "play" as an activity that requires imagination, rules, and tools, so his designs are processes that define systems, processes imagined by analyzing the past and carefully revisiting all that he knows. This allows him to construct the world around the work itself and to define the constellation of references –be they to his own work or that of others– by which he transmits the information he collects and organizes: interests, images, dispositions, scenes, materials, textures, orders... everything that catalyzes his imagination and contributes to systematizing the structure of what he undertakes to create.

Hevia's architecture transcends questions of style. His approach to each project is unique and, although the process undertaken is almost methodological, the work is always tailored to the commission, the program, or the client. As with a liquid element, the only fixed element is the volume itself, while the form adjusts to the outer molding at a constant density. The result of this process is a wide range of architectures that can be understood as belonging to different currents, without pre-established forms. In Hevia's designs, we see how the limits of the program and of the space become blurred, as in the case of an interior office space transformed into a great plaza or a pavilion into a public space, conceived as an element of personal reflection through the use of mirrors. Hevia designs the strategy, he designs the rules of the game, but he does not design the plaything itself. His architecture is finally the result of the construction of systems of logical interrelations, in which the constructive and material elements carry as much weight as formal and esthetic considerations. It is an architecture which, in its conception, establishes links with other themes, building bridges between disciplines, uses, and interests.

Aldo Rossi used to say that from Mies van der Rohe he had learned that anything peculiar is creation only when it is the application of the mind to the clarity of the result, which thus defends us from any falsifying thereof. He also

1 Le Corbusier, *Vers une architecture*. (Paris: Les Editions G. Cres et cie., 1923).

Sistematizar imaginarios

Andrea Griborio

Guillermo Hevia García es un joven arquitecto muy sofisticado. Seguramente escuchó en casa desde niño, aquella frase de Le Corbusier que dice que "la arquitectura es el juego sabio, correcto y magnífico de los volúmenes reunidos bajo la luz"[1] y quizá por esto, sus obras buscan siempre construir experiencias inéditas a partir de establecer reglas que trascienden el aforismo corbusiano para entender con destreza las relaciones entre los cuerpos, su geometría y proporción, creando estrategias espaciales entre interior y exterior que construyen espacios fluidos y refinados. Entendiendo el juego como aquella acción que requiere imaginación, herramientas y reglas, sus proyectos son procesos que definen sistemas, que se imaginan a partir del análisis del pasado, al revisitar con afán todo aquello que conoce y le permite construir mundo alrededor de la obra y definir la constelación de referencias propias o ajenas para trasladar la información de lo que agrupa y colecciona: intereses, imágenes, disposiciones, escenas, materiales, texturas, órdenes y todo aquello que activa su imaginación y contribuye a sistematizar la estructura de eso que se dispone a crear.

Su arquitectura trasciende aspectos de estilo. Para Hevia, el acercamiento a cada proyecto es particular y, aunque el proceso que desarrolla es casi metodológico, la obra se adapta siempre según el encargo, el programa o el cliente. Como sucede en los elementos líquidos, donde lo único fijo es el volumen y la forma se ajusta al molde con una densidad constante, el resultado de su proceso genera un universo amplio de arquitecturas, entendidas dentro de diferentes corrientes y sin formas preestablecidas. En sus proyectos podemos encontrar cómo los límites del programa y el espacio se vuelven difusos, como un espacio de oficinas convertido en su interior en una gran plaza, o un pabellón en el espacio público concebido como un elemento de reflexión personal a partir del uso de espejos. Hevia diseña la estrategia, diseña el juego, más no el juguete. Su arquitectura termina siendo el resultado de la construcción de sistemas de relaciones y de lógicas, donde lo constructivo y lo material, tienen tanto peso como lo formal o lo estético. Una arquitectura que, en su concepción, establece vínculos con otros temas y tiende puentes entre disciplinas, usos e intereses.

Aldo Rossi decía que de Mies van der Rohe había aprendido que lo peculiar sólo es creación cuando es aplicación de la mente a la claridad del resultado y que así nos defiende de cualquier falsedad del mismo. También

1 Le Corbusier, *Vers une architecture.* (Paris: Les Editions G. Cres et cie., 1923).

used to say that what interested him about Palladio was how he employed the notion of translation with great skill, transporting the elements of architecture from one function to another, expanding and varying, by means of simple displacements, the fundamental parts of his buildings, and thereby giving them new meanings.[2] Hevia's work is governed by the discipline's most canonical references: it is the application of the mind to the end of understanding and producing results. His designs always derive from preexisting ideas and reflections, which are transformed, after much analysis, into new proposals, into spaces that address and recall, that in some way translate, what he already knows and allows him to create new experiences. The quest for imaginaries in each design allows him to construct a constellation of references that serve not only as a faithful account of his interests, but also as the image that will often be reproduced to scale in his architecture. This collection of imaginaries represents the DNA of his designs, containing all their genetic codes and serving as the basis that transmits their essence: conditions and characteristic are passed back and forth, revealing to us the different strata of the design and giving rise to forms and structures that often seem to be repeated on different scales and in different materials, preserving their fundamental nature while producing new meanings and spatial experiences.

Guillermo Hevia García is a radical architect. He fully possesses the characteristics identified by Miquel Adrià in his introduction to the book *RADICAL: 50 Latin American Architectures*,[3] where the contemporary architecture of Latin American is defined as a series of active forms charged with pragmatism, of works that recover a certain ideological function without abandoning their original vocation, that stand out for being more committed to processes than to the forms they generate. Austere architectures, not because they are poverty-stricken, but rather because they optimize resources and make use of everyday materials, without forgetting the paths taken by a centuries-long tradition. In this sense, Hevia –the youngest of the fifty architects under the age of fifty dealt with in the book–, like other radicals, eschews technological solutions in his nonetheless sophisticated architecture, giving importance rather to relations constructed in space. His work is mature and deeply poetic, his designs both contemporary and timeless. For him, the most important thing is finding order, creating constructive logics that allow him to move about with complete freedom within the framework that instills his works with life. Hevia undertakes to discover the keys that define the system as a whole, always working from a basis of sophisticated formality.

A large part of Hevia's work consists of seeing opportunities in the basic elements of architecture, of understanding them as the structural elements of his works. His architecture is structure, but without the need to

2 Aldo Rossi, *Aldo Rossi. Estudio PaperBack* (Barcelona: Gustavo Gili, 1981).

3 Andrea Griborio and Miquel Adrià, *RADICAL: 50 Latin American Architectures* (Mexico City: Arquine, 2017).

decía que de Palladio le interesaba cómo empleó con sumo conocimiento el traslado, transportando los elementos de la arquitectura de una función a otra, ampliando y variando, con simples desplazamientos, las partes fundamentales de los edificios y sustituyendo sus significados propios por otros.[2] La obra de Hevia se rige por las más canónicas referencias de la disciplina, su trabajo es aplicación de la mente para entender y producir resultados. Sus proyectos provienen siempre de ideas y reflexiones preexistentes, que de tanto analizarlas se convierten en nuevas propuestas, en espacios que atienden y recuerdan, que trasladan de algún modo lo conocido para permitirle crear nuevas experiencias. La búsqueda de imaginarios para cada proyecto le permite construir una constelación de referencias que sirven no sólo como crónica fiel de sus intereses, sino también como la imagen que muchas veces se reproducirá a escala en su arquitectura. Esta colección representa el ADN de sus propuestas, contiene todas las instrucciones genéticas del proyecto y son la base que transmite la esencia de los mismos: se heredan condiciones y características entre sí que nos muestran los diferentes estratos del proyecto y permiten dar origen a formas y estructuras que muchas veces parecen repetirse en diferentes escalas y materiales, conservando lo fundamental y produciendo nuevos significados y experiencias espaciales.

Guillermo Hevia García es un arquitecto radical. Cumple a cabalidad con las características que identifica Miquel Adrià en la introducción del libro *RADICAL. 50 Arquitecturas Latinoamericanas*,[3] donde define la arquitectura contemporánea de América Latina como formas activas cargadas de pragmatismo, obras que recuperan cierta función ideológica sin perder su vocación originaria y que se destacan por estar más comprometidas con los procesos que con las formas que generan. Arquitecturas austeras, no por pobres, sino por que optimizan los recursos y hacen uso de materiales comunes, y que no ignoran el camino recorrido por los siglos. En este sentido, Hevia –el más joven de los 50 arquitectos menores de 50 años que el libro reúne–, como otros radicales, se despoja de los recursos tecnológicos para lograr sofisticación en su obra, dando importancia a las relaciones que construye en el espacio. Su obra es madura y de gran expresión poética, sus proyectos son contemporáneos y atemporales. Para él, lo más importante es encontrar el orden, crear lógicas constructivas que le permitan desplazarse con total libertad dentro del marco que da vida a sus obras. Hevia se empeña en encontrar las claves que definan el sistema del todo, siempre a partir de la formalidad y la sofisticación.

Gran parte de su trabajo consiste en ver oportunidades en los elementos básicos de la arquitectura, en entenderlos como elementos estructurales de sus obras. Su arquitectura es estructura sin necesidad de hacer

2 Aldo Rossi. *Aldo Rossi. Estudio PaperBack. (Barcelona: Gustavo Gili, 1981).*

3 Andrea Griborio y Miquel Adrià. *RADICAL 50 Arquitecturas Latinoamericanas. (Ciudad de México: Arquine, 2017).*

make any express reference to the structural system. In his work there is an attempt to show the architecture in its original expression, as volumes created out of the materials that compose them, rather than skeletons later to be clad. The structure is always related to the notion of order and its aim is to achieve an exception from order itself. His aim is not simply to create a series of objects through the repetition of a formula: he seeks rather to explore his interest in singularity and in differences by following an identical process that allows him to construct a timeless language, imbued with a diversity of *species of spaces*.[4]

Repetition is therefore a constant. Just as Brancusi experimented with his famous endless column, Hevia explores the notion of design from the repetition of a single identical element. Sometimes this element may be an object, a form, or a system, the law of whose formation is born of the idea of repeating and adjusting the scale or the reality of the dimension in question. In other cases it may be an element which, repeated countless times, configures a sequence that constitutes, from beginning to end, the entire design. Emilio Tuñón has said of repetition that "the pertinence of repetitive systems, whose series are based on a certain supposedly objective lack of variation, does not exclude the existence of a random, changing, contingent reality, which every process or system entails."[5] His architecture is also full of singularities that make it impossible to fit it into any specific current. Although he uses both traditional and state-of-the-art materials, fabrication processes, and systems of relation, his work is always singular. The systematization of processes, modules, elements, or sections can be found almost everywhere in his work, in both unconstructed designs and finished projects, and his most outstanding skill is again his ability to define the new rules of the game in accordance with his reading of each commission.

Hevia's architecture seems to be focused on the creation of situations. We might even classify the relations generated in his work as if we were performing a taxonomic analysis, dividing them into three main categories. The first are those constructed through the analysis of and approach to the project understood **as timeless ruins and infrastructures**, works that start from defining the limits of space. The notion of ruin can also be understood as something that bespeaks a history transformed into design, which serves to satisfy the needs of the context, transcending the commission. Although there is a temptation to confuse these works with salvage or intervention projects, the designs in this category start from the essential, from the skillful configuration of geometries and spaces which through pure and sophisticated forms allow them to house new programs.

---

4 The phrase alludes not only to the title of Perec's book, in which the French writer explores a series of classifications and approaches aimed at defining physical space, but also to one of Guillermo Hevia's recent designs, in which he explores the potential of aluminum in the construction of domestic space.

5 Emilio Tuñón, "El cuadrado y la cruz. Cuatro comentarios en torno a la repetición," *CIRCO* 10 (1993).

referencia expresiva al sistema estructural. En su trabajo hay una búsqueda por mostrar las obras en su expresión original, volúmenes terminados desde la materia que los compone y no esqueletos que serán posteriormente revestidos. La estructura siempre se relaciona con el orden y su objetivo es desde el orden lograr la excepción. El objeto de su trabajo no es crear objetos seriados a partir de la repetición de una fórmula, por el contrario, trata de seguir un mismo proceso para encontrar el interés por lo singular y por las diferencias que le permiten construir un lenguaje atemporal cargado de una diversidad de especies de espacios.[4]

La repetición es entonces una constante. Así como Brancusi experimentó con su famosa columna infinita, a partir de la repetición de un único elemento idéntico para configurar sus obras, Hevia explora sus proyectos. En ocasiones se trata de objetos, formas o sistemas, cuya ley de formación viene dada por la idea repetir y ajustar la escala o la realidad de la dimensión a atender; en otros casos se trata de la definición de aquel elemento que, repetido de manera infinita, configure una secuencia que de principio a fin sea todo el proyecto. Emilio Tuñón decía sobre la repetición que "la pertinencia de los sistemas repetitivos, seriados a partir de ciertos invariantes supuestamente objetivos, no excluye la existencia de la realidad azarosa, cambiante, contingente, que todo proceso o sistema conlleva".[5] Su arquitectura también está llena de singularidades que hacen posible que no pueda encajarse en ninguna corriente específica. Aunque utiliza los más tradicionales y a la vez los más contemporáneos materiales, procesos de fabricación y sistemas de relación, su obra es siempre singular. La sistematización de un proceso, módulo, elemento o sección puede encontrarse en casi toda su obra, bien sean proyectos u obras construidas, y su gran destreza es, nuevamente, la de saber cómo definir las reglas que estructuran el juego a partir de la lectura que hace de cada encargo.

Su arquitectura parece enfocada a la creación de situaciones. Podríamos llegar a clasificar las relaciones que se generan en la obra de Hevia como si hiciéramos un análisis taxonómico de las mismas, encontrando tres grandes clases. Las primeras, aquellas que se construyen a partir del análisis y el acercamiento al proyecto entendido como **ruinas e infraestructuras atemporales**, obras que parten de definir los límites del espacio, entendiendo la idea de ruina también como aquello que debe hablar de una historia convertida en proyectos y que sirva para satisfacer las necesidades del entorno trascendiendo el encargo. Aunque exista la tentación de confundir estas obras con intervenciones o rescates, los proyectos que

---

4 Este comentario hace alusión, no sólo al libro de Georges Perec donde el escritor francés ahonda en una serie de clasificaciones y acercamientos para definir el espacio físico, sino también al título de uno de los proyectos recientes de Guillermo Hevia para el cual usa el mismo título y en el que explora el potencial del aluminio para la construcción del espacio doméstico.

5 Emilio Tuñón. *El cuadrado y la cruz. Cuatro comentarios en torno a la repetición. CIRCO 10 (1993).*

Some of his designs with these characteristics are the cylindrical buildings
124 40 78 for Aceros Chile, the GBDC Memorial, and the house in Providencia, in which a pure volume seems to have been placed on the preexisting structure to contain the new program.

The second are the architectures that start from **montages and assemblages to configure the work as a whole**. In these cases the key is the definition of the module or section that will allow the entire design to be ordered: the discovery of this strategic element becomes the goal of the entire design process and will contain within itself all the strategies whereby the design acts on and relates to its context and its users. A clear example of this category is the design created in partnership with
136 Nicolás Urzúa for the Jean Mermoz School and the later psychomotricity pavilion, in which, through the development of a section and its wrapping, the architects succeed in finding a solution that addresses the different needs and scales required by the commission. Designs such as the
90 60 House with patio in Lago Ranco or the recent Inverted Dome pavilion make a prime element, in these cases a structural one, the starting point for the organization of a larger project that can vary and adapt its form to a range of different requirements.

Finally, we find the **complex configurations of great svelteness**, those forms which, *a priori* unintelligible, Hevia develops by means of an almost obsessive analysis aimed at discovering new formulas to occupy the space and meet its demands on different scales. In these works he displays his ability to work with curving and sinuous lines, with the idea of constructing ambiences which permit, by means of the molding of thin planes, the generation and study of different spaces. Some of the designs
48 in this category are the structure for the The Woods pavillion, the YAP
100 30 pavilion You Reflection, and the recent Species of Spaces pavilion, where the predominating elements are not the works themselves, but what is between the works and those occupying them. As Juan Navarro Baldeweg has said: "We are engaged in the fabrication of things, but my attention is fixed on their complementary space, on what circumscribes them, surrounds them, sustains or supports them."[6] Likewise, Hevia's exploration of architecture in works of this kind starts from experimentation and ends in the constructed gesture.

For Hevia, a design is senseless if it fails to face the challenge of the moment of its materialization, that is, of being constructed. The complex richness generated by the constructive process and the interplay of the ideas and intentions of all those involved is what makes the game of architecture so exciting. Masterly play with volumes in light is not something than can be limited to paper, where the real problems of construction can be avoided. In the words of Francisco Serrano –a good friend

6 Juan Navarro Baldeweg, "El objeto es una sección. La geometría complementaria," *CIRCO* 25 (1995).

forman parte de esta categoría parten de lo esencial, de la configuración de geometrías y espacios con destreza, que permitan albergar nuevos programas a partir de formas puras y sofisticadas. Algunos de sus proyectos con estas características son los edificios cilíndricos para Aceros Chile, el 124
Memorial GBDC y la Casa en Providencia donde un volumen puro parece 40 78
colocarse sobre la preexistencia para albergar el nuevo programa.

Las segundas son las arquitecturas que parten de **montajes y ensambles para configurar toda la pieza**. En estos casos es clave la definición de ese módulo o sección que permitirá ordenar todo el proyecto, la resolución de un elemento estratégico pasará a ser la gran búsqueda de todo el proceso de diseño, y, en sí mismo, este elemento contendrá todas las estrategias de actuación y relación del proyecto para con el entorno y sus usuarios. Un ejemplo claro de esta categoría es el proyecto que realiza en sociedad con Nicolás Urzúa para el Colegio Alianza Francesa Jean Mermoz y su posterior 136
pabellón de psicomotricidad, donde, a través del desarrollo de una sección y su envolvente, logran encontrar la solución para responder a diferentes necesidades y escalas que demandaba el encargo. También proyectos como la Casa con patio en Lago Ranco o el reciente pabellón Domo Invertido en- 90 60
cuentran en un elemento primo, en este caso estructural, el punto de partida para el ensamble de un proyecto mayor que tiene la capacidad de adaptarse y variar su forma para atender diversos requerimientos.

Por último, encontramos las **configuraciones complejas de bajo espesor**, aquellas formas ininteligibles a priori que en un análisis casi obsesivo desarrolla para descubrir nuevas fórmulas para ocupar el espacio y sus exigencias a diversas escalas. En éstos despliega su capacidad de trabajar con líneas curvas y sinuosas, con la idea de construir atmósferas que permitan a partir de moldear planos delgados, la generación y el estudio de diferentes espacios. Algunos proyectos de esta categoría son la pieza para el pabellón Los 48
bosques, el pabellón del Young Architects Program Tú reflexión y el reciente 100
pabellón Especies de espacios, donde lo que prevalece no son las obras sino lo 30
que hay entre ellas, entre ellas y quienes las ocupan. Diría Juan Navarro Baldeweg: "Nos dedicamos a la fabricación de cosas pero mi atención se dirige al espacio complementario, a lo que las circunscribe, las rodea, las sostiene o las funda".[6] así son las exploraciones que Hevia desarrolla para este tipo de obras, que parten desde la experimentación y se construyen desde el gesto.

Para Hevia el proyecto no tiene sentido si no se enfrenta al desafío del momento de su materialización, es decir, cuando se construye. La riqueza de la complejidad que le imprime a la arquitectura el proceso constructivo y el cruce de ideas e intenciones de todos los involucrados es lo que hace más apasionante el juego para este arquitecto. Jugar sabiamente con los volúmenes bajo la luz, no puede quedarse en el papel y evadir los problemas reales de la obra. Dice Francisco Serrano –buen amigo del arquitecto

---

6 Juan Navarro Baldeweg, *El objeto es una sección. La geometría complementaria. CIRCO, 1995.25*

of Guillermo Hevia Hernández, the architect's father– "architecture is constructed."[7] And it is only when constructed that architecture achieves its purpose: design is a first step that can be complex, diverse, at times collective, but architecture really only takes place when one confronts the factors involved in transforming that design into reality.

This book is also the result of a rigorous process of reflection: another kind of game in which paths are laboriously followed in order to tell a story or construct a singular object. Navarro Baldeweg has defined a work as a sum of balances, as something framed by both chance and necessary elements, which will seem stable and easy and assimilate its surroundings.[8] The story of the work gathered in this book cannot be told chronologically. It covers only the last seven years, since Hevia formally began his career as an architect and began to teach to the Universidad Católica, of which he is a graduate. The rules of this book are to be found in the diversity of Hevia's designs: thirteen projects of different scales and typologies, including both constructed works and works in progress, some of them the result of competitions. More than a simple compendium, this book seeks to serve as a logbook of the creative process of Guillermo Hevia García. It looks at his work from different angles, gathering together different imaginaries –plan views and axonometric projections, renderings, illustrations, photographs, and models–, with both rigor and complete freedom, on the understanding the every design is constructed with the same set of tools, by an identical process that is adopted and adapted, in the aim of systematizing imaginaries and constructing architectures with exceptional results.

---

7 Miquel Adrià, *La arquitectura se construye. Entrevistas con Francisco Serrano* (Mexico City: Arquine, 2016).

8 Navarro Baldeweg, "El objeto es una sección."

Guillermo Hevia Hernández (1949), padre de Guillermo– que "La arquitectura se construye".[7] Sólo construida es cuando la arquitectura llega a su fin; el diseño es un primer paso que puede ser diverso, complejo, en ocasiones colectivo, pero que realmente, cuando se enfrenta a los factores que buscan convertir aquello en realidad, es cuando la arquitectura sucede.

Este libro es también el resultado de un proceso riguroso de reflexión. Un juego más en el que se exploran con afán los caminos a seguir para contar una historia y construir un objeto singular. Navarro Baldeweg define una obra como una suma de equilibrios, como algo que estará enmarcado por lo fortuito y lo necesario, que parecerá estable y fácil y hará suyo lo que se encuentra a su alrededor.[8] La historia del trabajo que reúne este libro, no puede contarse cronológicamente, congrega sólo los últimos siete años, mismos en los que Hevia inicia formalmente su carrera como arquitecto y comienza a dar clases en la Universidad Católica, de donde es egresado. Las reglas de este libro se encuentran en la diversidad de sus proyectos. Trece proyectos de diversas escalas y tipologías, de obras construidas, en proceso y/o resultado de concursos, que, más que un compendio desplegado, busca ser la bitácora del proceso creativo de Guillermo Hevia García. El libro cuenta entonces su trabajo desde diferentes aristas, entremezclando imaginarios, planos, axonometrías, renders, ilustraciones, fotografías y maquetas, con rigor y a la vez con total libertad, en el entendido de que todo proyecto se construye a partir de una misma serie de herramientas, de un mismo proceso que adopta y se adapta, con el fin de sistematizar imaginarios y construir arquitecturas con un resultado excepcional.

---

7 Miquel Adrià. *La arquitectura se construye. Entrevistas con Francisco Serrano. (Ciudad de México: Arquine, 2016).*

8 Juan Navarro Baldeweg, *El objeto es una sección. La geometría complementaria. CIRCO 25 (1995).*

The Double

Fabrizio Gallanti

Guillermo Hevia's Double Approach to Architecture

The studio of the German artist Gerhard Richter, one of the towering figures of contemporary art, is carefully organized to allow him to work at the same time on two types of paintings, following a meticulous routine and supported by his assistants. Located in the residential neighborhood of Hahnwald in Cologne, the studio attached to his house contains an enormous room and a smaller one, where Richter alternates between abstract paintings, often on a larger scale, and figurative works, which he jokingly says are like taking a holiday, since they require less physical effort and can be painted while sitting down. Although clearly different, the two categories of pictures share a common approach, as they are subtle reflections on the nature of visual representation. Richter's pictorial style can be discerned in both, making them unequivocally his.

A similar characterization can be applied to the production of Chilean architect Guillermo Hevia: it is composed of ostensibly irreconcilable forms and elements, which constitute familiar tropes to be found across the modern and contemporary architectural legacy of Chile and Latin America. They coexist in his work without any contradiction. Sometimes Hevia uses orthogonal, stereometric geometries –rectangles and squares–, a continuation of the language deriving from twentieth-century modernism that seems to dominate Chilean contemporary architecture, especially in his designs for single-family houses, which continue to be very much sought after by a newly affluent class. Sometimes, on the other hand, his designs follow curvaceous organic morphologies that undulate over the terrain, inscribing the buildings within another current of Latin American architecture, perhaps not as dominant, which displays an interest in shells, curves, and undulating membranes. On closer inspection, the striking formal differences between the designs, as in the case of Richter's art, belong rather to a consistent discourse, in which numerous complementary elements can be identified. Hevia himself acknowledges a double nature inherent in the practice of architecture. The duality described by Hevia in a succinct text that introduces a selection of his designs and summarizes his approach is found to exist in an imaginary landscape of references and personal interests, nourished by a voracious curiosity that exceeds the customary limits of architecture, to be infiltrated by the visual arts, cinema, and literature, as well as the mundane "reality" of construction. In this document that gathers his designs from 2011 to 2018, each one is preceded by a page containing around twelve images, reproductions of art works from very different periods, including archi-

El doble

Fabrizio Gallanti

El duplicado acercamiento de Guillermo Hevia a la arquitectura

El estudio del artista alemán Gerhard Richter, una de las figuras más destacadas del arte contemporáneo, está cuidadosamente organizado para permitirle trabajar al mismo tiempo en dos tipos de pinturas, siguiendo una rutina meticulosa apoyada por sus asistentes. Situado en el barrio residencial de Hahnwald, en Colonia, el estudio adjunto a su casa incluye una habitación amplia y otra más pequeña, donde Richter alterna entre pinturas abstractas, a menudo de mayor escala, y figurativas, que dice en broma son como tomar unas vacaciones ya que requieren un esfuerzo físico menor y pueden pintarse mientras estás sentado. Aunque claramente diferentes, las pinturas comparten un enfoque común, ya que son sutiles reflexiones sobre la naturaleza de la representación visual. El toque pictórico de Richter siempre se puede distinguir en ambos trazos, haciéndolos inequívocamente suyos.

Una caracterización similar se puede aplicar a la producción del arquitecto chileno Guillermo Hevia: está compuesta de formas y elementos ostensiblemente irreconciliables, que son tropos familiares que se encuentran en el legado arquitectónico moderno y contemporáneo de Chile y América Latina y que en su trabajo conviven sin ninguna contradicción. A veces, Hevia usa geometrías ortogonales, estereométricas, rectángulos y cuadrados, una continuación del lenguaje derivado del modernismo del siglo XX que parece dominar la arquitectura contemporánea chilena, especialmente en los diseños de casas unifamiliares, que siguen siendo muy buscados por una nueva clase adinerada. A veces, en cambio, sus diseños siguen morfologías curvilíneas y orgánicas que ondulan sobre el terreno, inscribiendo los edificios dentro de otra corriente de arquitectura latinoamericana, quizás no tan dominante, interesada en cascarones, curvas y membranas onduladas. En una inspección más cercana, las llamativas diferencias formales de los proyectos, como en el caso del arte de Richter, son en cambio parte de un discurso consistente, donde se pueden identificar numerosas complementariedades. El propio Hevia reconoce una naturaleza engañosa inherente a la práctica de la arquitectura. La dualidad que expresa Hevia en un texto sucinto que introduce una selección de sus proyectos y resume su enfoque es la que existe entre un paisaje imaginario de referencias e intereses personales, alimentado por una curiosidad voraz que excede el corral disciplinario de la arquitectura para infiltrarse en las artes visuales, el cine y la literatura y la "realidad" mundana de la construcción. En este documento que recopila sus proyectos entre 2011 y 2018, cada

tectural drawings, film stills, and archival photographs. Among these visual companions, which Hevia uses as annotations and which accompany each new project, one can identify the same duality between the straight and the curved that is characteristic of his designs: the cold and rigorous abstraction of Josef Albers's homages to the square, juxtaposed with the rounded softness of Christo's early wrapped sculptures.

Such a strategy of publically manifesting a mental universe from which to extract concepts and ideas for designs is not unique to Hevia's position within contemporary Chilean architecture. Smiljan Radic, for instance, has often resorted to a visual almanac of informal and spontaneous constructions to be found on the fringes of a more regulated existence, as a parallel system of references that inform his architecture: roadside fruit-stalls, spontaneous circus tents, DIY arrangements scattered around building sites... Radic has rendered his curiosity public, wishing to shed some light on, but not to fully explain in rational terms, the mental process at the basis of his design. Hevia follows an analogous path: his architecture coalesces from a heterogeneous array of allusions offered to the public into specific architectural proposals that respond to their context and to programmatic demands, but which nevertheless maintain their characteristic of singular autonomy, as sculptural pieces. At the same time, the finished projects seem to be part of a continuum of speculations and reflections about form: they do not seem to aspire to a definitive static condition, but can be conceived rather as frames within processes that make it possible to imagine their transformation over time. First they occupy the brain and are visualized; then they are built and enter a tangible reality; later they will slowly morph, while at the same time providing new images that are incorporated into the same process.

One might say that his work is double twice over: once when it emphasizes the tension between a private, personal universe of ideas and the accommodations that are required to translate this into real buildings, through different systems of representation and construction techniques; and a second time with the geometries of such manifestations, now rigorous and orthogonal, now organic and curved.

Guillermo Hevia García was born in Santiago de Chile in 1986. His father, Guillermo Hevia Hernández, is an architect as well. While the father studied architecture at the Universidad de Chile, the son obtained his degree at the Universidad Católica, where he currently teaches. There are substantial differences in the approach to architecture in the education offered by these two institutions: in broad terms, and allowing for numerous significant exceptions, one might say that architects from the Universidad de Chile think of architecture in systematic terms, strongly influenced by social science and urbanism, while architects from the Universidad Católica see architecture as a craft, with continuous feedback loops between form and tectonics. Owing perhaps to his own autobiography, it might also be said that, while Guillermo Hevia produces finite forms, often

uno está precedido por una página que alberga alrededor de doce imágenes, reproducción de obras de arte de períodos muy diferentes, dibujos arquitectónicos, fotogramas de películas, fotografías de archivo. Dentro de estos compañeros visuales que Hevia utiliza como anotaciones y que acompañan cada nuevo proyecto, se puede identificar la misma dualidad entre lo recto y lo curvo que caracteriza a sus proyectos: la fría y rigurosa abstracción de las composiciones de cuadros de Josef Albers yuxtapuesta a la redonda suavidad de las primeras esculturas envueltas de Christo.

Tal estrategia de manifestar públicamente un universo mental desde donde extraer conceptos e ideas para proyectos no es exclusiva de la posición de Hevia dentro de la arquitectura chilena contemporánea: Smiljan Radic, por ejemplo, a menudo ha recurrido a un almanaque visual de construcciones informales y espontáneas que se encuentran en los márgenes de una existencia más regulada, como un sistema paralelo de referencias que informan su arquitectura: puestos de fruta al costado de la carretera, tiendas de circo espontáneas, arreglos de bricolaje localizados alrededor de los sitios de construcción. Radic ha hecho pública su curiosidad, deseando arrojar algo de luz sin explicar de manera completamente racional el proceso mental en la base de su diseño. Hevia sigue un camino análogo: su arquitectura se une a una heterogénea gama de alusiones que se ofrecen al público, en una propuesta arquitectónica específica que responde al contexto y a requerimientos programáticos, pero que sin embargo mantiene una característica de autonomía singular, como piezas escultóricas. Pero también, los proyectos terminados parecen ser parte de un continuo de especulaciones y reflexiones en torno a la forma, no parecen desear una condición definitiva y estática, sino que pueden concebirse como marcos dentro de procesos que permiten imaginar su cambio en el tiempo: primero ocupan el cerebro, y se visualizan, luego se construyen y entran en una realidad tangible, más tarde se transformarán lentamente, mientras al mismo tiempo proporcionarán imágenes que se incorporan en el mismo proceso. Se puede decir que su trabajo es dos veces doble: una vez cuando subraya la tensión entre un universo personal e íntimo de ideas y las adaptaciones que se requieren para traducirlo en edificios reales, a través de diferentes sistemas de representación y técnicas de construcción. Y una segunda vez sobre las geometrías de tales manifestaciones, a veces rigurosas y ortogonales y otras veces orgánicas y curvas.

Guiilermo Hevia Garcia nació en Santiago de Chile en 1986. Su padre, Guillermo Hevia Hernández, también es arquitecto. Mientras el padre estudiaba arquitectura en la Universidad de Chile, el hijo obtuvo su título en la Universidad Católica, donde actualmente enseña. Existen diferencias sustanciales en el enfoque de la arquitectura dentro de la educación ofrecida por estas dos instituciones: en términos amplios y con numerosas y significativas excepciones, se podría decir que los arquitectos de la Universidad de Chile piensan la arquitectura en términos sistémicos con una fuerte influencia de las ciencias sociales y el urbanismo, mientras que

of unequivocal beauty, these seem always to be conceived as a stage that will be brought to life by the presence of people. Though they never overtly declare their political objective, urban conditions and society are always crucial to the activation of these projects.

136 In the expansion of the Jean Mermoz School, a private high school built in 2012 in Curicó, four rectangular patios were surrounded by low existing pavilions. The intervention consisted of a new skin to wrap the classrooms volumes, realized in perforated metal sheets that modify the appearance of the building from the outside, along with new elevations towards the patios and a sequence of skylights let into the existing double-pitched roofs. A smaller volume with a glass façade has been inserted into the existing pattern to house a small gymnasium hall. The intervention is particularly astute in that it generates an enigmatic quality to the exterior of the complex, enhanced by the over-dimensioning of the skylights, which create an ambiguity about the overall scale of the project: exactly how many floors does it have? While the black façade is almost hostile to the surroundings, a displacement under the roof, which forms a protective canopy, generates a reassuring intimacy around the patios, underlined by intense graphics and saturated colors for the classroom doors. The project asserts an idea of seclusion, instrumental to the idea of a community gathered around a pedagogical uniqueness, and it does so without resisting its banal geometry, but rather by enhancing some of the hidden potentials already present on the site.

This idea of extracting the concealed richness out of a specific
48 condition through the action of design is also at the core of The Woods project, a winning entry for a prototype aimed at exploring the technical and latent potential of prefabricated construction in wood. Whereas orthogonality is the dominant design principle of the school in Curicó and of other winning competition entries, such as the low-cost housing
150 40 complex nicknamed The Grid and the Archipielago (2016) or the GBDC Memorial (2017), sinuous curvatures are the salient feature of this project. A series of vertical incisions on wooden plywood panels attenuates their inherent rigidity, bending them to follow a series of curved lines, composed of arcs that are inspired by the shapes of a forest. The individual panels can be assembled either to evoke the compact intimacy generated when tree trunks are close together, in this case employing shorter radii of curvature, or the sudden openness of clearings, when the radii become longer. The prototype is a concrete metaphor: executed in wood, it resembles one by the spatial effects it generates and by some further perceptual subtleties, such as the light filtering through the punctured holes, which are instrumental to its tectonic efficiency. It is inspired by the work of artist Bryan Nash Gill, who transferred the shapes of fallen trees he found in the forest onto paper, as well as by furniture made by cabinetmaker George Nakashima. But it also alludes to the bark of trees, which maintains by its shape the memory of the original form to which it was attached.

los arquitectos de la Universidad Católica ven la arquitectura como un oficio, con lazos de retroalimentación continuos entre la forma y la tectónica. Probablemente debido a su propia autobiografía, podría decirse también que, si bien Guillermo Hevia produce formas finitas, a menudo de una belleza inequívoca, estas parecen siempre ser consideradas como un escenario que cobrará vida con la presencia de las personas. Sin declararse abiertamente como un objetivo político, la condición urbana y la sociedad son siempre cruciales para activar estos proyectos.

En la extensión de la escuela secundaria privada Colegio Alianza
Francesa, construida en 2012 en Curicó, cuatro patios rectangulares es- 136
taban rodeados por pabellones bajos existentes. La nueva intervención consistió en una nueva piel envolviendo los volúmenes de las aulas, realizada en láminas de metal perforado que modifican la apariencia del edificio desde el exterior, nuevas fachadas hacia los patios y una secuencia de tragaluces implantadas sobre los tejados de dos aguas existentes. Se insertó un volumen más pequeño con una fachada de vidrio dentro del patrón existente para alojar una pequeña sala de gimnasio. La intervención es particularmente astuta ya que genera una calidad enigmática en el exterior del complejo, mejorada por el sobre-dimensionamiento de los tragaluces, que crea una ambigüedad sobre la escala general del proyecto: ¿de cuántos pisos es? Si bien su fachada negra es casi hostil al entorno, un cambio de la fachada bajo el techo que se convierte en una cubierta protectora genera una intimidad que tranquiliza alrededor de los patios, subrayada por gráficos intensos y colores saturados para las puertas del aula. El proyecto afirma una idea de reclusión, instrumental para la idea de una comunidad reunida en torno a una singularidad pedagógica y lo hace sin resistirse a su geometría banal, sino que mejora algunos de los potenciales ocultos que ya están presentes en el sitio.

Esta idea de extraer la riqueza oculta de una condición específica a
través de la acción del diseño es también el núcleo del proyecto Los bos- 48
ques, una propuesta ganadora para un prototipo destinado a explorar el potencial técnico y latente de la construcción prefabricada de madera. Mientras que para la escuela en Curicó o para otras propuestas ganadoras en concursos, como el complejo de viviendas sociales apodado "La grilla
y el archipiélago" (2016) o el Memorial GBDC (2017), la ortogonalidad es 150 40
el principio dominante del diseño, las curvaturas sinuosas son la característica más destacada de este proyecto. Una serie de incisiones verticales sobre paneles de contrachapado de madera permiten superar su rigidez inherente, doblándolas para seguir una serie de líneas curvas, compuestas por arcos que se inspiran en las formas de un bosque. Los paneles individuales se pueden ensamblar para recordar la intimidad compacta generada cuando los troncos de los árboles están cerca, en este caso empleando radios de curvatura más pequeños, o la apertura repentina de los claros, cuando los radios se hacen más largos. El prototipo es una metáfora concreta: hecho en madera, se parece a uno a través de los efectos espaciales

Although very different in their geometries, both projects share an analogous approach to materials, which are selected for their visual effects: a dark, shadowy presence in Curicó and a warm translucence for the wooden pavilion. There is also in both cases an extremely precise control of the assemblage of parts, aimed at exploiting the textures of the chosen materials.

100 A similar attitude is expressed and expanded in the You Reflection pavilion located in the Parque Araucano in Santiago de Chile, winner of the MoMA-initiated YAP competition of 2015.

On the ground, a new topography of soft bumps is arranged around a newly excavated stream. This is covered in moss and wildflowers that interact with the moist environment generated by the stream, a welcome meteorological shift from the extreme aridness of Santiago's summers. The dreamy appearance over the beige gravel of the park is magnified by three undulating rolls of thin aluminum that acquire static firmness through a series of curves and folds. They are simply planted in three slits cut into the ground, creating a uniform horizon of 3.2 meters. The extreme precision of their simple execution creates innumerable reflections and refractions that multiply the spaces within and around their enclosure, permitting users to see themselves continuously in action and therefore to become the subjects of the intervention. The project seeks to manipulate expectations and perceptions: it quotes paintings by Sisley, Magritte, and Bacon, alluding to the balance between the familiarity of nature and the strangeness produced by the mirrors and the distorted reflections they generate. It is a mirage offered to the varied publics that frequent the park.

Guillermo Hevia's career is still in its early stages, charged with promising glimpses of what may come next. The dichotomy between the *straight*, as in the renovations of two single-family houses, one in Providencia, a middle class neighborhood in Santiago, and the other in Jardín del Este, an addition to a modernist villa by Jaime Sanfuentes, and the *curved*, as in the constructed pavilions, is giving way to new exercises in which these geome-
70 tries are combined. Such is the case of the design for the Three-vault House (2015), a weekend house in the coastal sector of Ochoquebradas, where the perfect Palladian square of the house, divided into nine parts, is inserted below three parallel barrel vaults that expand views from the interiors out towards the landscape, controlling light and shade in response to the local climatic conditions. While their geometry is reminiscent of the banality of industrial hangars and warehouses, the thinness of their detailing recalls the explorations of architects such as Eladio Dieste and Félix Candela.

114 For the Pedro, Juan y Diego advertisement agency (2014), three oval volumes, clad in a translucent yellowish membrane, establish a visual hierarchy for the open plan of the office, while at the same time inserting three points of concentration and intimacy. Through the addition of a few customized furnishings, such as a cafeteria and a long-shelved library, along with the awkward appearance of swings hanging from the ceiling, a sense of the spontaneity of urban life is brought into an office space.

que genera y algunas sutilezas perceptuales adicionales, como la luz que se filtra a través de los agujeros perforados, instrumentales para su eficacia tectónica. Está inspirado en el trabajo del artista Bryan Nash Gill, quien transfirió las formas de los árboles caídos que encontró en el bosque al papel y los muebles del ebanista George Nakashima. Pero también alude a la corteza de los árboles, que mantiene en su forma el recuerdo de la forma original a la que estaba adherido.

Aunque son muy diferentes en geometría, ambos proyectos comparten un enfoque análogo respecto a los materiales, que son seleccionados por sus efectos visuales, una presencia sombría y oscura en Curicó y una cálida translucidez para el pabellón de madera, y un control extremadamente preciso del ensamblaje de las piezas. requerido para explotar las texturas de los materiales elegidos.

Una actitud similar se expresa y amplía en el pabellón "Tú reflexión", 100
el ganador del concurso iniciado por el MOMA, YAP, de 2015. Ubicado en el Parque Araucano en Santiago de Chile.

En el suelo, se organiza una nueva topografía de golpes suaves alrededor de una corriente recién excavada. Está cubierto de musgo y flores silvestres que interactúan con el ambiente húmedo generado por la corriente, un bienvenido cambio meteorológico de la extrema aridez de los veranos de Santiago. Tal apariencia de ensueño sobre la grava *beige* del parque se magnifica por tres rollos ondulados de aluminio delgado, que adquieren firmeza estática a través de una serie de curvas y pliegues. Simplemente se plantan en tres ranuras incisas en el suelo y crean un horizonte uniforme de 3,20 metros. La extrema precisión de su ejecución simple crea innumerables reflexiones y refracciones que multiplican los espacios dentro y alrededor de su recinto, permitiendo a los ciudadanos verse continuamente en acción y convertirse, por lo tanto, en sujetos de la intervención. El proyecto quiere manipular expectativas y percepciones: cita las pinturas de Sisley, Magritte y Bacon aludiendo al equilibrio entre la familiaridad de la naturaleza y el alejamiento determinado por los espejos y las deformadas reflexiones que generan: es un espejismo ofrecido a los múltiples públicos que frecuentan el parque. La trayectoria de Guillermo Hevia García es reciente y está cargada de vislumbres promisorios de lo que vendrá después. La yuxtaposición entre la recta, como en las renovaciones de dos casas unifamiliares, una en Providencia, un barrio de clase media en Santiago, y la segunda en el Jardín del Este, una adición a una villa modernista de Jaime Sanfuentes y la curva como en los pabellones construidos, están dejando paso a ejercicios novedosos, donde las geometrías se combinan. Tal
es el caso del proyecto de la casa de vacaciones Casa tres bóvedas (2015) 70
en el sector costero de Ochoquebradas, donde la perfecta plaza palladiana de la casa, dividida en nueve partes, se ubica debajo de tres bóvedas de cañón paralelas, que amplían las vistas desde los interiores hacia el paisaje y controlan las sombras como un sistema para reaccionar al clima local. Si bien su geometría recuerda a la banalidad de los hangares y almacenes

124 The organizational principle of the Aceros Chile Service compound is a sophisticated interplay of geometric figures such as the cross, composed of five different patios and a circle, multiplied in concentric backgrounds with their centers misaligned. The extremely pragmatic requirements are hosted separately in four sturdy concrete cylinders, reminiscent of the bunkers of the Atlantic Wall during the Second World War. The laconic façade turns toward the highway, protecting the interiors from the hostile surrounding environment of the industrial area where they are located.

They are other fine examples of Guillermo Hevia's quest for an architecture that detaches itself from immediate circumstances and mundane preoccupations to constitute its own detached world. It will be thrilling over the years to follow the multiple threads already present in his oeuvre as they diverge or are synthetized into singular projects. What strikes us now is the seeming absence of any dogmatic approach or dominant language: rather than seeking a recognizable signature, each design becomes an occasion to explore Hevia's personal curiosities and to test the reactions of his public, first a few intrigued clients willing to transform ideas into reality and then some wider constituencies, such as the people who
100 are thrilled and bewildered by the myriad images of You Reflection. This seems the only way to maintain architecture as a relevant practice in today's world: to share one's personal universe with a wider public and to be ready to learn from what happens. It does not require huge investments of energy and money: sometimes it is just a matter of curving a roll of aluminum to make it stand.

industriales, la delgadez de sus detalles es una referencia a la investigación de arquitectos como Eladio Dieste y Félix Candela.

Para la Agencia de publicidad Pedro, Juan y Diego (2014), tres volúme- 114
nes ovales, cubiertos con una membrana translúcida de color amarillento,
permiten establecer una jerarquía visual para la planta libre de la oficina,
mientras que al mismo tiempo se insertan tres puntos de concentración
e intimidad. Con la adición de unos pocos muebles más personalizados,
como una cafetería y una biblioteca larga con estantería y la extraña apari-
ción de columpios que cuelgan del techo, una sensación de espontaneidad
de la vida urbana se lleva a un espacio de oficinas. Una interacción so-
fisticada de figuras geométricas como la cruz, compuesta de cinco patios
diferentes, y el círculo, que es múltiple en fondos concéntricos, cuyos cen-
tros están desalineados, es el principio organizativo del complejo de ser-
vicios de Aceros Chile. Los requisitos extremadamente pragmáticos están 124
separados y alojados dentro de cuatro cilindros robustos, construidos en
concreto y que recuerdan a los búnkeres del Muro Atlántico durante la
Segunda Guerra Mundial. Su aspecto lacónico se enfrenta a la carretera
y permite separar los interiores del entorno hostil que los rodea del área
industrial donde están ubicados.

Son otro buen ejemplo de la búsqueda de Guillermo Hevia García
por una arquitectura que se separe de la realidad inmediata y sus preocu-
paciones mundanas para constituir su propio e independiente mundo. En
los próximos años, será emocionante seguir cómo los múltiples hilos ya
presentes en su obra a veces divergen o en su lugar se sintetizan en proyec-
tos singulares. Lo que llama la atención ahora es la ausencia de un enfoque
dogmático o dominante: en lugar de buscar la constitución de una firma
reconocible, cada proyecto se convierte en una ocasión para explorar su
propia curiosidad y luego para probar la respuesta de su público, prime-
ro algunos intrigados clientes, dispuestos a transferir ideas a la materia,
y luego grupos más amplios como las personas que se perdieron y emo-
cionaron con la miríada de imágenes de Tú reflexión. Esa parece ser la 100
única forma de mantener la arquitectura como una práctica relevante en el
mundo de hoy: compartir el universo personal con un público más amplio
y estar preparado para aprender de lo que sucede. No requiere grandes
inversiones de energía y dinero: a veces solo se trata de curvar un rollo de
aluminio para que se sostenga.

Between the Imaginary and Reality

Guillermo Hevia García

Each project is a dual process.

Every design is a dual process. On one shore, so to speak, there is a collection of subjective elements in a state of constant construction and revision. This collection is made up of personal interests and obsessions, lines of research, works of art, fragments of films, pieces of literature, objects, photographs, paintings, and memories, both one's own and those supplied by others. This imaginary is the substratum from which every design originates. The interrelations that develop among various designs finally produce a personal cultural construction, a subjective imaginary.

On the other shore there is an interest in architecture meant to be built, which is to say, with a vocation for reality. I am not interested in creating designs that I know beforehand are going to remain in that state; on the contrary, I want to move away from the instrumentalization of architecture, and more specifically, from the notion of design as a mere unconstructed manifesto. My manifesto is to render that imaginary real: to execute designs correctly and to build with quality.

My process as an architect involves a transfer from the shore of the imaginary to the shore of reality, in such a way as to build works charged with content. The collection is the fertile ground from which a subjective architecture can be created, but one with a cultural charge.

This transfer or translation is done with the tools of architecture itself. Representation therefore plays a fundamental role in the materialization of this collection and is the first reflection of my understanding of architecture as constructed reality. We operate with plans and axonometric projections, exploded-view drawings, scale models, construction processes, and life-size prototypes. This multiplicity of scales and tools provides the instruments that allow us to navigate between one shore and the other without shipwrecking.

Entre el imaginario y la realidad

Guillermo Hevia García

Cada proyecto es un proceso dual.

En una orilla se encuentra una colección subjetiva que está en constante construcción y revisión. Esta colección se compone de intereses personales, obsesiones, líneas de investigación, trabajos de arte, fragmentos de cine, piezas literarias, objetos, fotografías, pinturas o memorias, propias y regaladas por terceros. Este imaginario es el sustrato del cual comienza cada uno de los proyectos, que permite establecer relaciones entre ellos y que responden finalmente a una construcción cultural personal, un imaginario subjetivo.

En la otra orilla se encuentra el interés por una arquitectura para ser construida, en ese sentido, con vocación de realidad. No me interesa realizar proyectos que premeditadamente se mantengan en ese estado. Por el contrario, quiero alejarme de la instrumentalización de la arquitectura, y más específicamente, del proyecto como mero manifiesto no construido. Mi manifiesto es llevar a la realidad este imaginario, ejecutar de buena manera y construir con calidad.

Mi proceso como arquitecto supone un traslado desde la orilla del imaginario hacia la orilla de la realidad, para realizar obras cargadas de contenido. Encuentro en esta colección un suelo fértil que permite llevar a cabo una arquitectura subjetiva con una carga cultural.

Este traslado o traducción se realiza con herramientas propias de la disciplina. La representación cobra por lo tanto un rol fundamental en la materialización de esta colección y es el primer reflejo de que entiendo a la arquitectura como realidad construida. Trabajamos con dibujos planimétricos, axonométricas, despieces, modelos a escala, procesos constructivos y prototipos de tamaño real. La multiplicidad de escalas y herramientas son los instrumentos que nos permiten navegar entre una orilla y la otra sin naufragar.

Construido
Built

35 m^2
2017

01

Collage de la distribución de un cuarto para / Collage of room display for *An Exhibition for Modern Living*. Ray Eames, 1949.

Especies de espacios (Species of Spaces) is the configuration of a small living space or refuge,[01–02] a project that continues research carried on over the last few years into the construction and structuring of places and spaces on the basis of two-dimensional curves and a range of different materials.[10–11]

02

Casa Eames / Eames House. Ray & Charles Eames, 1949.

The place is defined and constructed on the basis of curves and counter-curves 20 cm and 40 cm in diameter that enclose a single, fluid space. Within it is a series of smaller, interrelated spaces with varying degrees of privacy, depending on the point of view from which they are observed.[03]

03

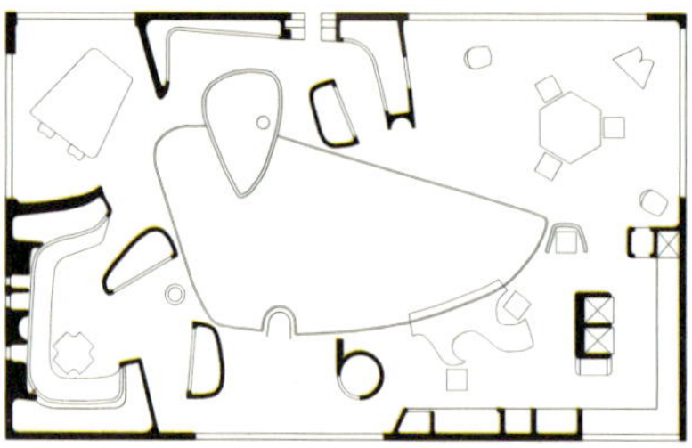

La casa del futuro / House of the Future. Alison & Peter Smithson. Dibujo de / Drawing by Guillermo Hevia García.

In this way, a living space, a work space, a rest space, and a washing space all overlap, with a certain degree of ambiguity, defined concretely only by a few specific furnishings, such as a sofa, a desk, a bed, and a shower, and generating a series of unexpected visual interrelations.

04

Portada de / Cover of **Jean (Hans)** Arp, *Arp. Sculptures et tapisseries récentes.* Primera edición / First edition, 1960.

The little dwelling, more than a closed form, is an open system of configuration[04–05] that allows different spatial orders to be constructed in function of programmatic requirements, users' preferences, or location within the whole.

The geometry can be adapted to multiple situations and contexts.[06–09] The curves are generated by means of sheets of lacquered aluminum, two millimeters thick, which have been faceted every three centimeters to allow for minimal, almost two-dimensional calibration, making for rapid setup and easy expansion.

05

Jean (Hans) Arp, *Constellation selon les lois du hasard. 1930.*

06

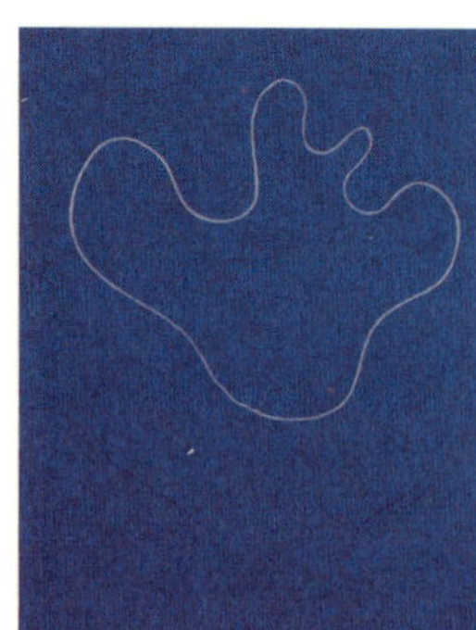

Bosquejo del Jarrón Savoy / Sketch for the Savoy vase. Alvar Aalto.

Especies de espacios es la configuración de un pequeño habitáculo o refugio,[01–02] un proyecto que continúa una investigación realizada durante los últimos años en torno a la construcción y estructuración de espacios y lugares en base a curvas bidimensionales y diversos materiales.[10–11]

Este lugar se define y construye en base a curvas y contracurvas de diámetros de 20 y 40 cm, que permiten contener un espacio único y fluido, en el que se van alternando una serie de lugares menores e interrelacionados, en los que se va midiendo y graduando el nivel de intimidad de los distintos recintos, dependiendo del punto de vista.[03]

De esta manera, se superponen un espacio para estar, un espacio para trabajar, un espacio para descansar y un espacio para asearse, con un grado de ambigüedad, que sólo se concreta con algunas piezas de mobiliario específico, como un sofá, un escritorio, una cama o una ducha, y en donde se van construyendo una serie de relaciones visuales inesperadas.

El habitáculo, más que ser una forma cerrada, es un sistema abierto de configuración,[04–05] que permite construir distintos órdenes espaciales en función de los requerimientos programáticos, sus usuarios o el lugar en el que se emplaza.

La geometría puede adaptarse a múltiples situaciones y contextos.[06–09] Las curvas se generan en base a planchas de aluminio lacado de 2 mm de espesor que han sido facetadas cada 3 cm, lo que permite rigidizar una pieza de un calibre mínimo, casi bidimensional, para armar un lugar mayor y de rápido montaje.

07

Jarrón Savoy / Savoy vase. 120 mm. Alvar Aalto.

09

Silk vase. Alberto Vitelio.

10

Biombo de madera contrachapada / Plywood screen. Charles & Ray Eames.

11

Biombo de madera de pino / Pinewood screen. Modelo / Model 100. Alvar Aalto. ca. 1940.

08

Jarrón Savoy / Savoy vase (desert) 120 mm. Alvar Aalto.

Axonométrico explotado / Axonometric projection

Memorial GBDC
GBDC Memorial

Proyecto
Design

42 m²
2017

01

02

03

Monumento editado / Edited Monument. Andrés Durán, 2017.

The project involves the construction of a place of memory to keep alive the legacy of the company's founder.[01]

The memorial does not operate with symbolic analogies or metaphorical elements, but rather as an unnecessarily complex, enforced task, closer to a tourist attraction than to a silent reminder. In this sense, the abstract nature of the design suggests the busts and statues of the early twentieth century,[02] precise markers of silent, figurative memory in the midst of the city.[03]

The design works with the duality of an interior space opposed to its exterior form.[04] It is configured by means of the intersection, on one plane, of a extruded square and circle,[05] which forms a volume of marked edges and frontal directionality, in contraposition to an unusual circular interior, with no directionality, which operates with the idea of infinity.[06]

12

Torres de agua / Water towers. Bernd & Hilla Becher, 1980.

The volume as a whole is constructed by means of repetition.[07] Four identical towers 10.5 meters high form the outer edges, conveying a sense of density and enclosing the inner content.[08] The dimensions of the memorial escape the domestic scale, relating it to a system of other proportions.[09]

The only symbolic element is the tree growing inside the rotunda, which can be freely associated with notions of rootedness, growth, life, transcendence, or legacy.

The only material is exposed concrete,[10] which reveals itself when looked for but remains silent, allowing life to run its course around the memorial,[11] as it though it were a ruin that might have always been there.[12]

10

Luis Barragán en el umbral / on the threshold. Fotografía / Photograph: Rene Burri.

11

Torres de Ciudad Satélite en construcción / The Satelite Towers under construction.

05

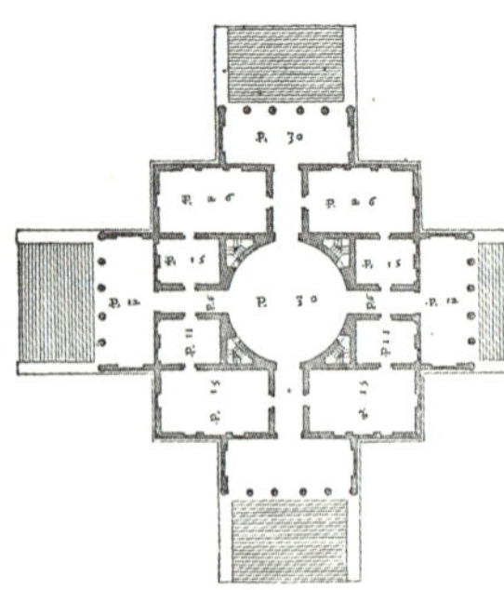

Planta de la / Plan of the Villa Rotonda. Andrea Palladio.

07

Osa mayor / *Great Bear*. Mathias Goeritz, 1968.

El proyecto es la construcción de un lugar de memoria que mantenga presente el legado del fundador de la compañía.

El memorial no trabaja con analogías simbólicas o elementos metafóricos, ya que resulta un trabajo forzado e innecesariamente complejo, más cercano a una atracción turística que a un recuerdo silencioso. En ese sentido, el proyecto, desde su abstracción, se aproxima más al rol que tuvieron las estatuas y bustos hasta comienzos del siglo XX, como elementos puntuales de memoria figurativa y silenciosa en medio de la ciudad.[01–02]

El proyecto trabaja con la dualidad entre un espacio interior opuesto a su forma exterior.[04] Se configura mediante la intersección en planta de un cuadrado y un círculo[05] que, al extruirse, construye un volumen de aristas marcadas y direccionalidad frontal, en contraposición a un interior circular inédito, sin direccionalidad, que opera con la idea de infinito.[06]

El volumen total se construye mediante la repetición.[07] Serán cuatro torres idénticas de 10.5 m de altura que construyen las aristas y permiten dar cuenta del espesor y del interior contenido.[08] Sus medidas escapan de una escala doméstica y se relacionan con un sistema proporcional de otra escala.[09]

El único elemento simbólico es un árbol que crece en el interior de esta rotonda, y que puede asociarse indistintamente con temas como las raíces, el crecimiento, la vida, la trascendencia o el legado.

El memorial es un volumen monomaterial de concreto visto,[10] que aparece cuando es buscado y, al mismo tiempo, permanece silencioso, para permitir que suceda la vida cotidiana,[11] como una ruina que siempre pudo haber estado en ese lugar.[12]

09

Torres. Maqueta para la / Towers. Model for the Bahnhofsvorplatz. Mathias Goeritz, 1969.

06

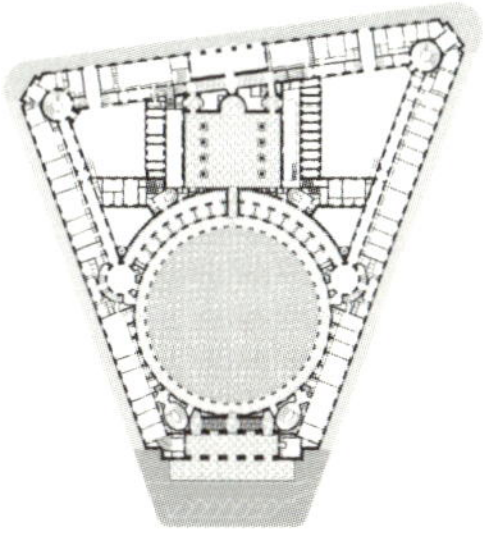

Cuartel de policía / Police barracks, Copenhagen. Hack Kampmann, 1924.

04

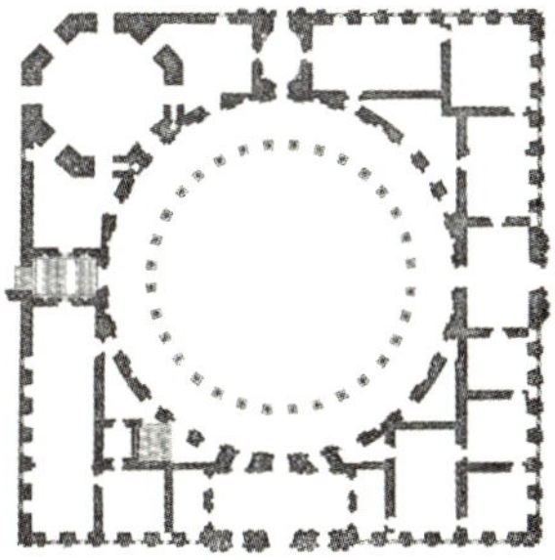

Planta del Palacio de / Plan of the Palace of Carlos V

Planta / Plan

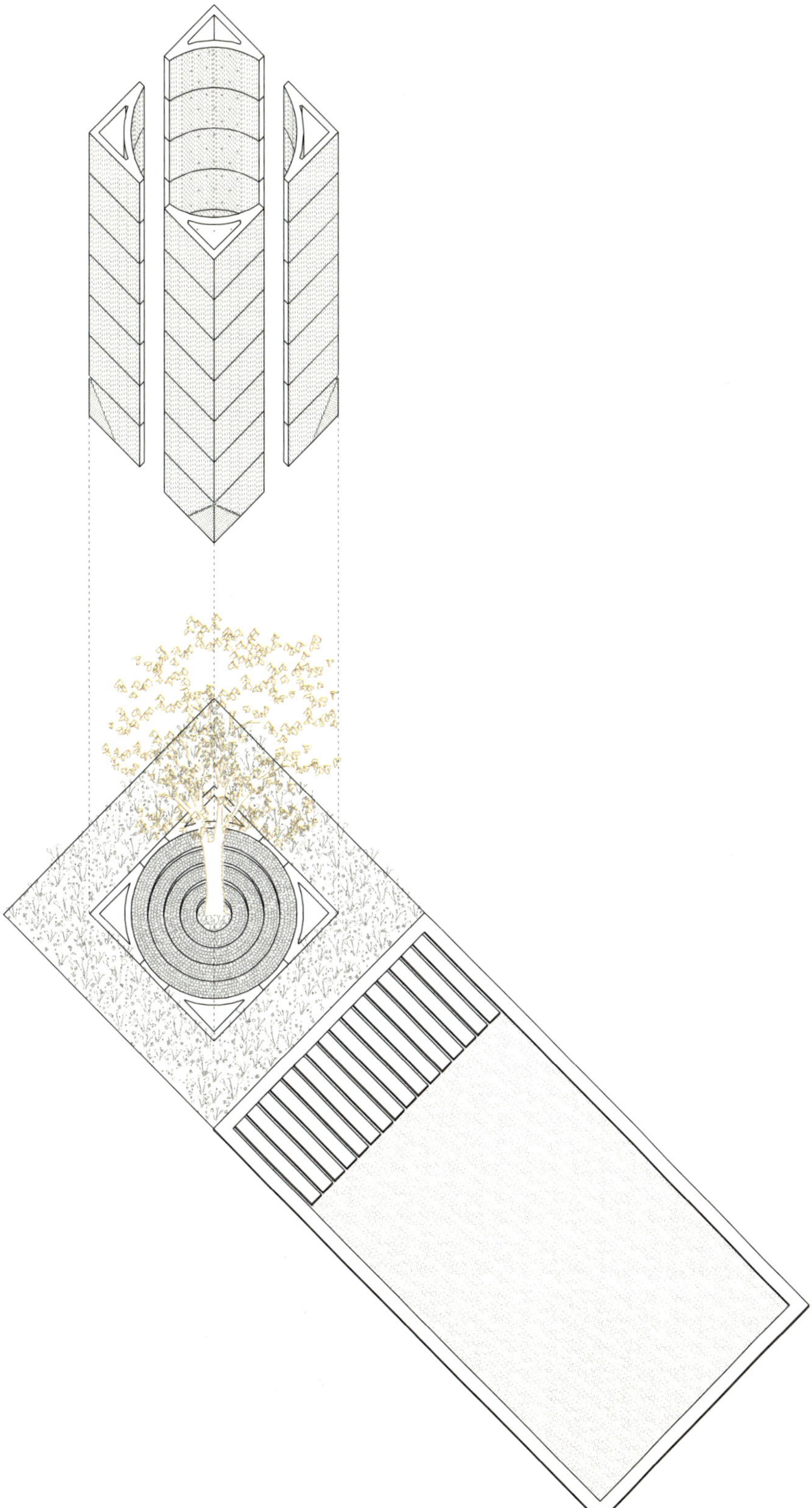

Axonométrico explotado / Axonometric projection

Elevación / Elevation

Sección A-A´ / Section A-A´

Los bosques	Construido	60 m²
The Woods	Built	2013

02

Eco y Narciso / *Echo and Narcissus.* John William Waterhouse.

The forest or woodland has been a recurrent theme in literature,[01] mythology,[02] painting, and the arts in general.[03] Its interest resides in its complexity and its singularity: although a forest is composed of multiple examples of the same unit –the tree–, no one place in it is like another.

01

Un caballero y sus hombres ven aproximarse a una dama y un caballero en el bosque / A knight and his men see a knight and lady approach in the forest. Ilustración para / Illustration for *Orlando Furioso*. Gustave Doré.

The presence of countless sensorial stimuli renders the forest a place where all of one's senses are active and in use.[04] "Vision separates us from the world whereas the other senses unite us with it," writes Juhani Pallasmaa. This complexity is expressed with great precision in the passage devoted to the Chilean forest in Pablo Neruda's memoirs, *Confieso que he vivido*.

04

Alsophila armata & Didymochlaena finuosa. Carl Friedrich Philipp von Martius.

We have attempted to transmit these non-visual stimuli –which have to do with touch, smell, sensitivity to temperature– into the project. We were interested in exploring the possibilities of constructing curving, sinuous lines copied from sections of real tree trunks,[05–06] translated onto paper as in the work of visual artist Bryan Nash Gill,[07–08] or in the manner of woodworker George Nakashima.[09] These configurations create a universe of interrelations, transparencies, and chiaroscuros that evoke a range of different atmospheres.

05

Leñadores sosteniendo una sierra cruzada sobre el tronco de una secoya gigante / Loggers holding a saw across the trunk of a giant sequoia, California. 1907

The commission required working with panels of plywood, a straight, orthogonal, modular, and non-deformable constructive element. Drawing on the imaginary of the forest for inspiration, we made a series of homogenous linear cuts in the panels, turning them into remarkably flexible, curvable elements, though they did not lose their structural properties. The construction with wooden panels recalls the screens of Alvar Aalto[10] or the Eames brothers,[11–12] but in this case the domestic scale is abandoned for that of a larger building.

The project is an open form, a formal constructive strategy that allows for multiple responses and the possibility of being adapted to different contexts, vistas, places, or even interior spaces, through the use of different radii, while the variable arrangement of the trees configures different forest atmospheres and interrelations.

06

Leñadores y la secoya gigante de Mark Twain / Loggers and Mark Twain's sequoia, California. 1892.

03

Morenia Pöppigiana. Carl Friedrich Philipp von Martius.

El bosque, ha sido un tema recurrente en la literatura,[01] la mitología,[02] la pintura y las artes en general.[03] Su interés radica en su complejidad y singularidad, donde pese a estar compuesto de una misma unidad, el árbol, ningún lugar es igual a otro.

La enorme presencia de estímulos sensoriales vuelven al bosque un lugar en el que todos los sentidos son activados y empleados.[04] “La vista por sí sola nos separa del mundo, mientras que el resto de los sentidos nos une a él”, dice Juhani Pallasmaa, complejidad que se transmite con gran precisión en el pasaje de las memorias *Confieso que he vivido*, dedicado al bosque chileno y escrito por Pablo Neruda.

08

Cedro torcido / Twisted cedar. Xilografía / Woodcut. Bryan Nash Gill, 2011.

Hemos querido trasladar al proyecto estos estímulos que van más allá de lo visual y que tienen que ver con el tacto, el olfato o la temperatura. Nos ha interesado explorar la capacidad de construir líneas curvas y sinuosas, provenientes de secciones de troncos reales,[05–06] trasladados al papel como lo hacía el artista Bryan Nash Gil[07–08] o a la manera de los trabajos del ebanista George Nakashima.[09] Estas configuraciones permiten lograr un universo de relaciones, transparencias y claroscuros que son capaces de construir diferentes atmósferas.

09

Tsuitate Butterfly Gate. Raíz de maple torcido con base de nogal / Twisted maple tree root with walnut base. Diseño y producción de / Design and production by Mira Nakashima, 2011.

El encargo suponía trabajar con paneles de madera contrachapada, un elemento constructivo modular, recto, ortogonal e indeformable. Teniendo como inspiración el imaginario del bosque, se realizaron una serie de cortes lineales y homogéneos en el panel, que lo vuelven un elemento inéditamente flexible y curvable, pero que no pierde sus propiedades estructurales. La construcción con placas de madera recuerda al trabajo de biombos realizado por Alvar Aalto[10] o por los Eames,[11–12] pero en este caso se abandona la escala doméstica para aproximarse más a la de un edificio.

El proyecto es una forma abierta, una estrategia constructiva y formal que permite múltiples respuestas espaciales y que tiene la posibilidad de adaptarse a diferentes entornos, vistas, lugares o, incluso, espacios interiores, empleando diferentes radios, así como las diferentes disposiciones de los árboles configuran relaciones y atmósferas variables en un bosque.

10

Biombo de madera de pino / Pinewood screen. Modelo / Model 100. Alvar Aalto. ca. 1940.

12

Biombo de madera contrachapada / Plywood screen. Charles & Ray Eames.

R50
R32
R20
R45
R30
R20
R55
R30
R52
R15
R20
R25
R24
R25
R20
R40
R40
R60
R20
R20
R30
R20
R15
R50
R50
R35
R20
R35
R50

R30
R15
R20
R15
R50
R20
R35
R30
R20
R30
R45
R25
R30
R15
R15
R23
R15
R10
R30
R20
R30
R15
R15
R25
R10
R35
R30
R40
R44

07

Maple. Bryan Nash Gill, 2012.

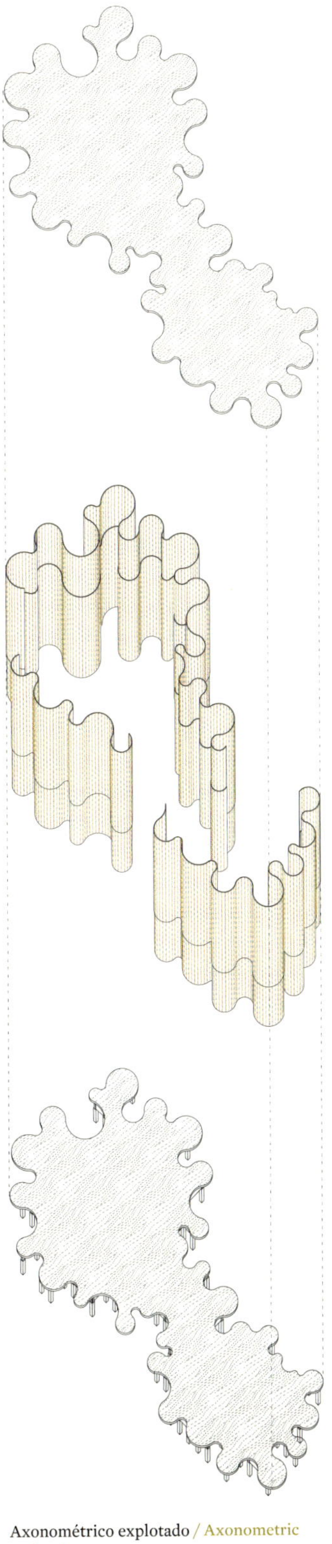

Axonométrico explotado / Axonometric projection

Axonométrico montaje / Axonometric projection

Domo invertido	**Construido**	210 m^2
Inverted Dome	Built	2018

01 

El gran parche de basura del Pacífico / Great Pacific garbage patch. Sitio web / Website The Ocean Cleanup.

The project is a large-scale installation made for a music festival held in a public park, aimed at raising awareness of the pollution of the oceans by disposable plastics.[01]

The pavilion presents the accumulated plastic and waste in its actual discarded state, just as it is found floating on the sea, like a veritable island.[02] We had no interest in presenting the garbage in an attractive way, preferring to make an impact by showing it in its raw state.[03] We therefore raised a ton of plastic and other waste material above the heads of spectators and visitors.[04] To hold it we constructed a transparent inverted dome, using fishing nets and tensors, to be filled up with garbage and discards.[05]

 02

Basura marina / Ocean garbage. Sitio web / Website The Ocean Cleanup.

An inverted dome is a unique and singular form that generates a noticeable space underneath itself.[06] The wooden structure is configured by the repetition of a single piece[07] that alludes to the wooden piers found on every coastline in the world.[08] The structure can be easily set up and taken down, without generating further waste, to be put to a new use in a different place.[09]

The project is an artifact that stands out unexpectedly in the middle of the park.[10] The perimeter structure can be used to sit and rest but also to walk on, while the inner part, beneath the dome, provides a place for gathering and being together.

The plan is circular, a form that functions very well in the open space of the park, since it looks the same from every angle and can be inserted anywhere.[11] A circumference is the most efficient form to sustain the inverted dome, since the weight and forces are distributed equally across the structure.[12]

04 

05 

06 

Un océano plástico / *A Plastic Ocean.* Tan Zi Xi.

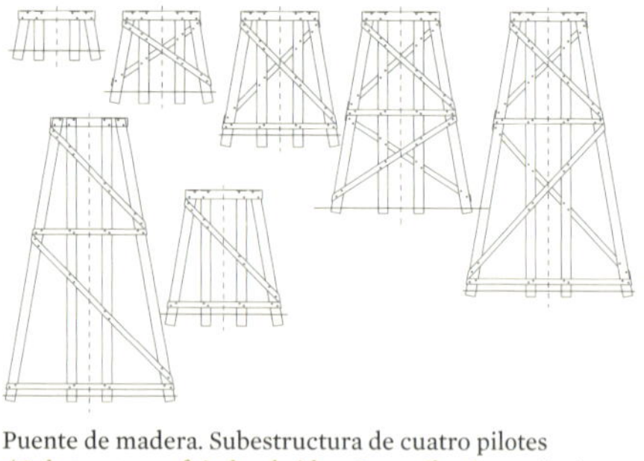 07

Puente de madera. Subestructura de cuatro pilotes / Substructure of timber bridge. Four pile piers. Dibujo de / Drawing by Guillermo Hevia García.

El proyecto es una instalación de gran envergadura realizada durante un festival de música en medio de un parque público y que busca generar conciencia acerca de la contaminación de los océanos con desechos plásticos.[01]

03

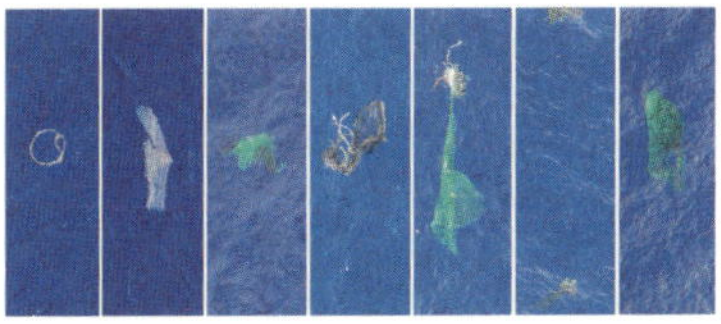

Expedición aérea, octubre de / Aerial expedition, October 2016. Sitio web / Website The Ocean Cleanup.

El pabellón presenta el plástico y la basura acumulados en su estado real de desecho, de la misma manera en que se encuentran en el mar flotando, como una verdadera isla.[02] No nos interesa presentar la basura en un formato atractivo, sino impactar, mostrarla en su estado crudo.[03] Para ello, se decide levantar una tonelada de plástico y de desechos sobre la cabeza de los espectadores y visitantes.[04] Para soportarla se construye un domo invertido con malla de pescar y tensores, transparente, que se rellena con la basura y los desechos.[05]

09

Muelle / Pier. Oceanside, California.

08

Muelle de Oceanside, California

Un domo invertido es una forma única y singular, que permite configurar un espacio notable bajo él.[06] La estructura se construye en madera y se configura por la repetición de una única pieza,[07] haciendo referencia a los muelles de madera que se encuentran en todas las costas del mundo.[08] Esta estructura se puede montar y desmontar con facilidad y puede reciclarse, sin generar desechos, para acoger un nuevo uso en un nuevo lugar.[09]

10

Congreso Nacional / National Congress, Brasilia. Oscar Niemeyer. Fotografía / Photograph: Marcel Gautherot.

El proyecto es un artefacto que destaca por su forma inesperada en medio del parque.[10] En su exterior construye un perímetro en el cual los usuarios se pueden sentar, descansar y caminar, mientras que su interior, bajo el domo, contiene un espacio para estar y reunirse.

La planta es un círculo, una forma que funciona muy bien en el espacio abierto del parque, ya que se percibe de la misma manera desde todos los ángulos y permite que pueda ser ubicado en cualquier lugar.[11] La circunferencia es la forma más eficiente para sostener la cúpula invertida, ya que el peso y la fuerza se distribuyen de manera homogénea a través de la estructura.[12]

11

12

Cúpula invertida pretensada, refugio en / Pretensioned inverted dome, refuge in Camp Columbia, Litchfield, Connecticut.

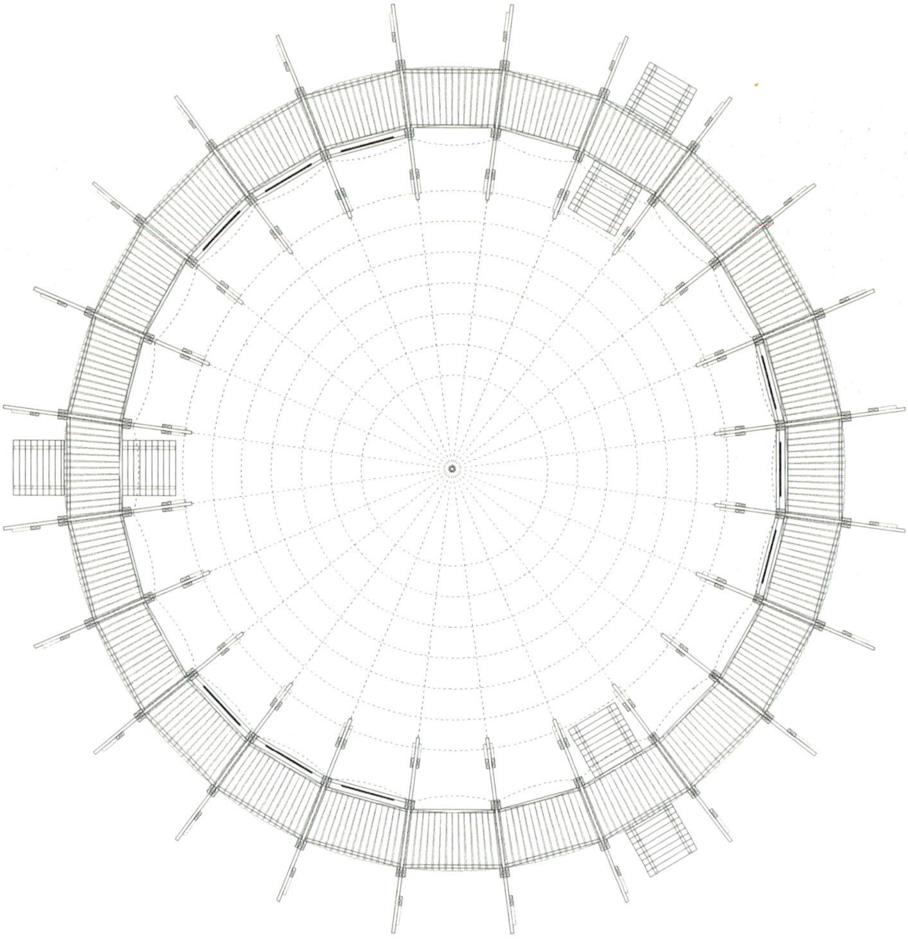

Planta / Plan

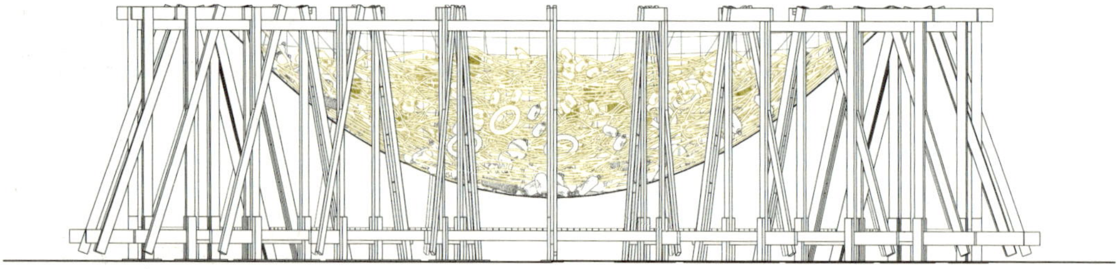

Elevación / Elevation

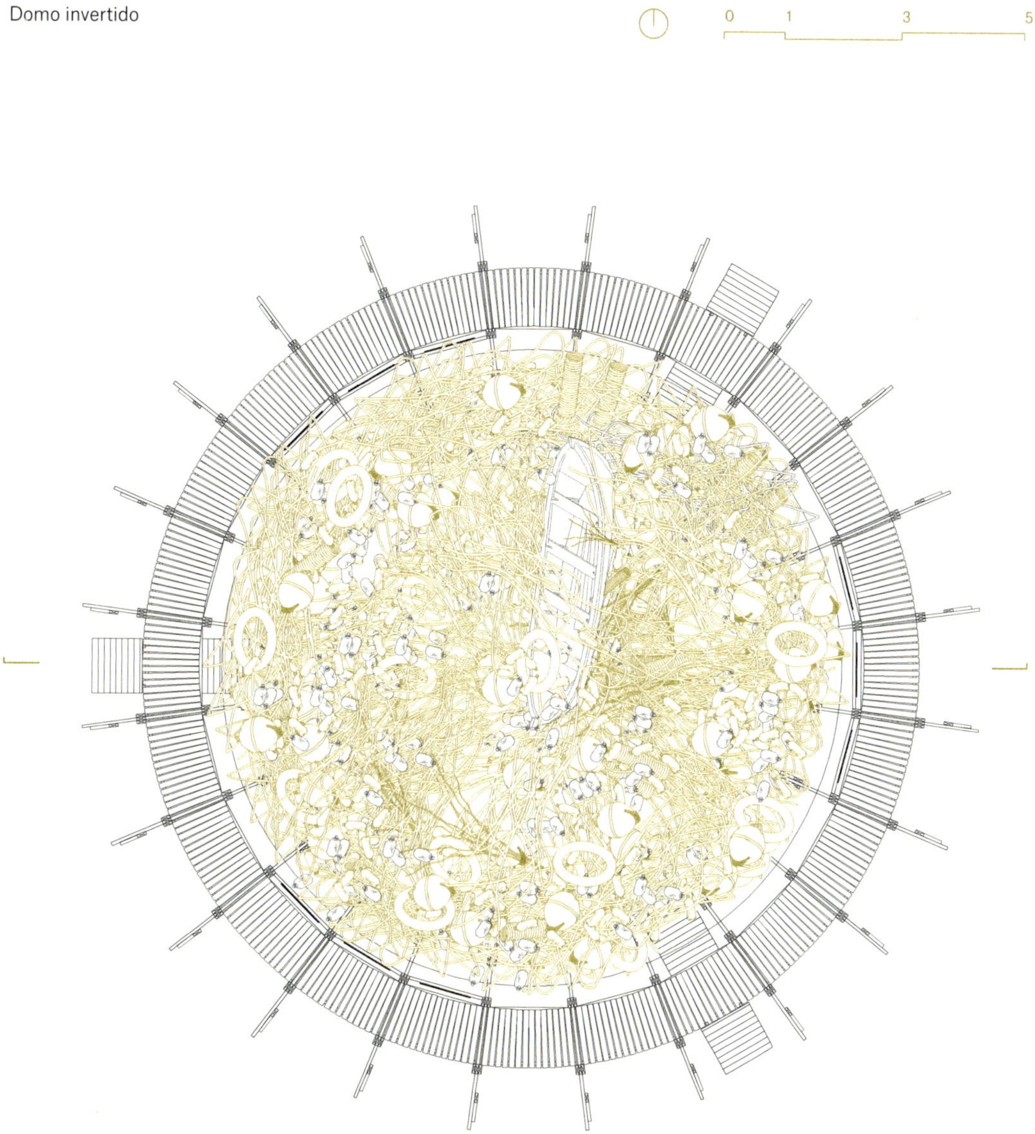

Planta (con desechos marinos)
/ Plan (with ocean garbage)

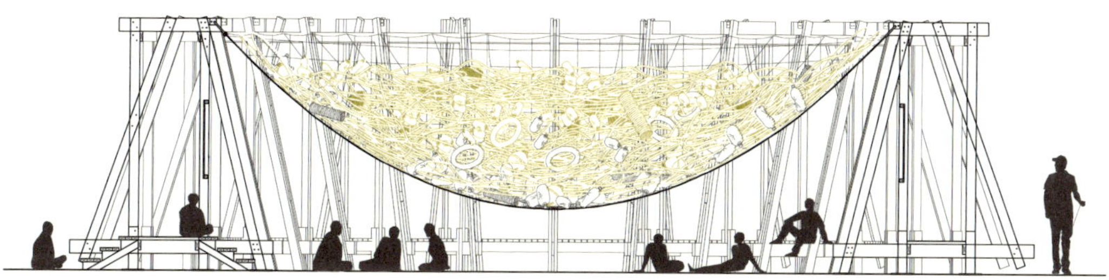

Sección A-A′ / Section A-A′

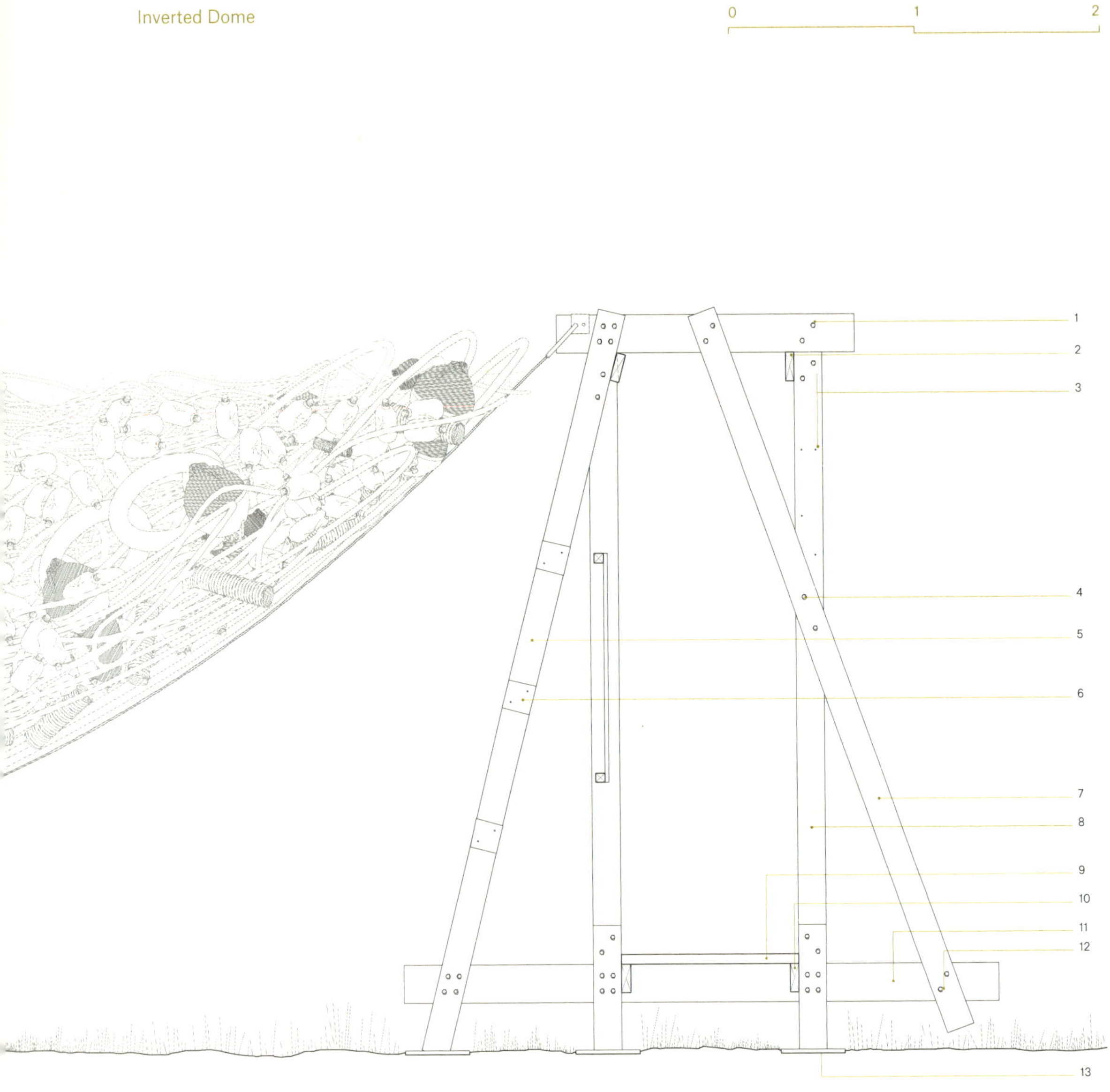

1 3/8" A325 bolt with washer 2 2" × 4" pinewood bracket. Black paint 3 3½" screw 4 3/8" A325 bolt with washer 5 2" × 6" double pinewood diagonal strut. Black paint 6 2" × 6" pinewood anchor. Black paint 7 2" × 6" pinewood diagonal strut. Black paint 8 2" × 6" pinewood strut. Black paint 9 2" × 4" pinewood plank. Black paint 10 2" × 6" pinewood bracket. Black paint 11 2" × 8" pinewood beam. Black paint 12 3/8" A325 bolt with washer 13 18mm plywood board. Black paint

1 Perno 3/8" A325 con rondana 2 Cadeneta pino 2" × 6" pintura negra 3 Tornillo 3 ½" 4 Perno 3/8" A325 con rondana 5 Pilar diagonal compuesto doble pino 2" × 6" pintura negra 6 Taco pino 2" × 6" pintura negra 7 Pilar diagonal pino 2" × 6" pintura negra 8 Pilar pino 2" × 6" pintura negra 9 Pino 2" × 4" pintura negra 10 Cadeneta pino 2" × 6" pintura negra 11 Viga pino 2" × 8" pintura negra 12 Perno 3/8" A325 con rondana 13 Placa madera contrachapada 18mm pintura negra

Casa tres bóvedas — Ochoquebradas
Three-vault House — Ochoquebradas

Proyecto
Design

210 m²
2015

01

A Bigger Splash. David Hockney.

12

Estación de ómnibus de El Salto / El Salto bus station. Ing. / Engr. Dieste, 1974. Fotografía / Photograph: Silvia Montero, 2006.

The design is for a second home not yet intended for any particular user or specific site. This condition entailed conceiving the project from a neutral vantage point,[01] so its formal, spatial, material, and atmospheric qualities are sufficiently charged to be adaptable to some actual user in the future, without the values that define the proposal being lost in the process.

Among the determining characteristics of the place are the climatic conditions, especially sun and wind.[02] The design therefore provides plenty of shade,[03] by means of a large triple-vaulted roof, which configures the form of the house and generates a series of comfortable spaces in which temperature and sunlight can be controlled.[04]

10

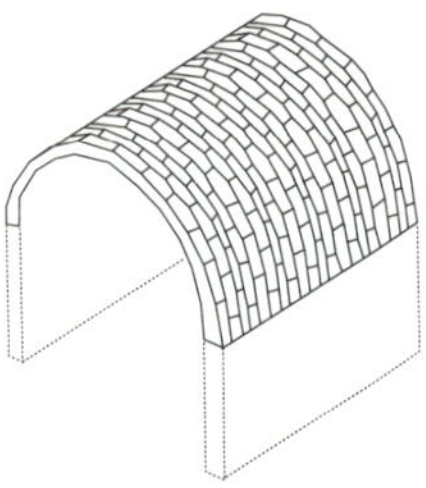

Bóveda de cañón corrido / Running barrel vault.

The accent of the house is on leisure, relaxation, and social life.[05] There is some ambiguity in the definition of public and private spaces, which may function either jointly or separately. Depending on the users and on the occasion, the house can become more private or more gregarious.[06]

The structural and programmatic order of the house is based on the repetition of nine 4.8-square-meter units, each one associated with a certain space and together forming a grid.[07] The visual and acoustical relations between the units are mediated by minor elements such as the bathrooms, services, fireplace, and cooking areas.

These two orders offer the possibility of reconfiguring the house in the future in function of new requirements, new users, or the need to expand or downsize.

The only materials are svelte, painted wooden sections, inexpensive and available from local suppliers.[08] We wanted to maintain the spirit of a fragile construction,[09] more like a circus tent or a mobile home than a conventional building.

02

Creatio Universi. Tigur Melchior Fuesslinus, Augsburg, 1720. Colección Smith / Smith Collection.

The vault is an archetype that allows for plenty of room and light within a restricted space.[10] It is a structure commonly used for engineering projects such as hangers, industrial sheds, marquees, and roofs.[11]

The varied formal and material possibilities of the vault have been explored in different ways in large-scale projects by architects such as Félix Candela and Pier Luigi Nervi, in smaller ones by Louis I. Kahn, and on an even more intimate scale in works such as the service building of a church by Sigurd Lewerentz and a house in Punta Gorda by Eladio Dieste.[12]

05

Casa Stahl / Stahl House. Pierre Koenig, 1960.

07

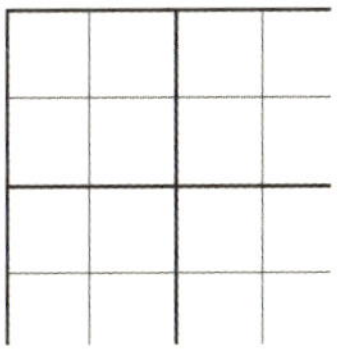

Cuadrícula 4 x 4 / 4-x-4 grid.

El proyecto es una segunda vivienda que no tiene un usuario ni un sitio específico. Esta condición obliga a pensar desde una cierta neutralidad,[01] por lo que se han definido unas condiciones formales, espaciales, materiales y atmosféricas lo suficientemente pregnantes para poder adaptarse a un usuario real en el futuro, sin perder los valores que definen la propuesta.

11

Pabellón de rayos cósmicos / Cosmic rays pavilion. Félix Candela & Jorge González Reyna, Ciudad de México / Mexico City, 1951.

Una de las principales características del lugar son las condiciones climáticas,[02] especialmente el sol y el viento. El proyecto es, por lo tanto, la construcción de una sombra,[03] definida por una gran cubierta compuesta por tres bóvedas que configuran la casa y bajo las cuales aparecen una serie de espacios templados, de temperatura agradable y luz controlada.[04]

04

Refugio de pleamar / High-tide refuge. Daniel Prieto, 2008

Se plantea una casa que pone en valor el ocio, el descanso y la vida social,[05] donde los espacios públicos y privados son ambiguos y funcionan de manera conjunta o aislada. Dependiendo de los usuarios o de la ocasión, la casa puede volverse más privada o más promiscua.[06]

03

Frank Reaugh en el campo / Frank Reaugh in the countryside.

La manera de construir el espacio es a partir de un orden estructural y programático en base a la repetición de nueve unidades cuadradas de 4.8 x 4.8 m, que estarán asociadas a un recinto, configurándose como una grilla.[07] Las relaciones visuales y acústicas entre estas unidades se encuentran mediadas por elementos menores, como los baños, los servicios, la chimenea o los espacios para cocinar.

09

Ruina en / Ruin in Quintay, Chile.

Estos dos órdenes otorgan la posibilidad de que la casa pueda reconfigurarse a futuro en función de nuevas necesidades, de un nuevo usuario o de la necesidad de crecer o decrecer.

El proyecto se construye completamente con madera, en secciones esbeltas y pintada, logrando así una obra económica y más ligada al trabajo local y artesanal.[08] Hemos querido mantener el espíritu de una construcción frágil,[09] más cercano a una carpa o una casa rodante que a un edificio.

La bóveda es un arquetipo que permite salvar una luz de manera esbelta y contener algo bajo ella.[10] Es una estructura usada ampliamente en construcciones ligadas a la ingeniería, como hangares, industrias, naves, marquesinas o cubiertas.[11]

Las posibilidades formales o materiales son muchas y han sido trabajadas de diferentes maneras en obras de gran escala, como en el caso de Félix Candela o Pier Luigi Nervi, de tamaño intermedio, como en Louis I. Kahn, o en una escala más intima, como en el edificio de servicios de la iglesia de Sigurd Lewerentz o la casa en Punta Gorda de Eladio Dieste.[12]

08

Cubierta Feria Rural / Rural Fair Canopy. Antonio Campos.

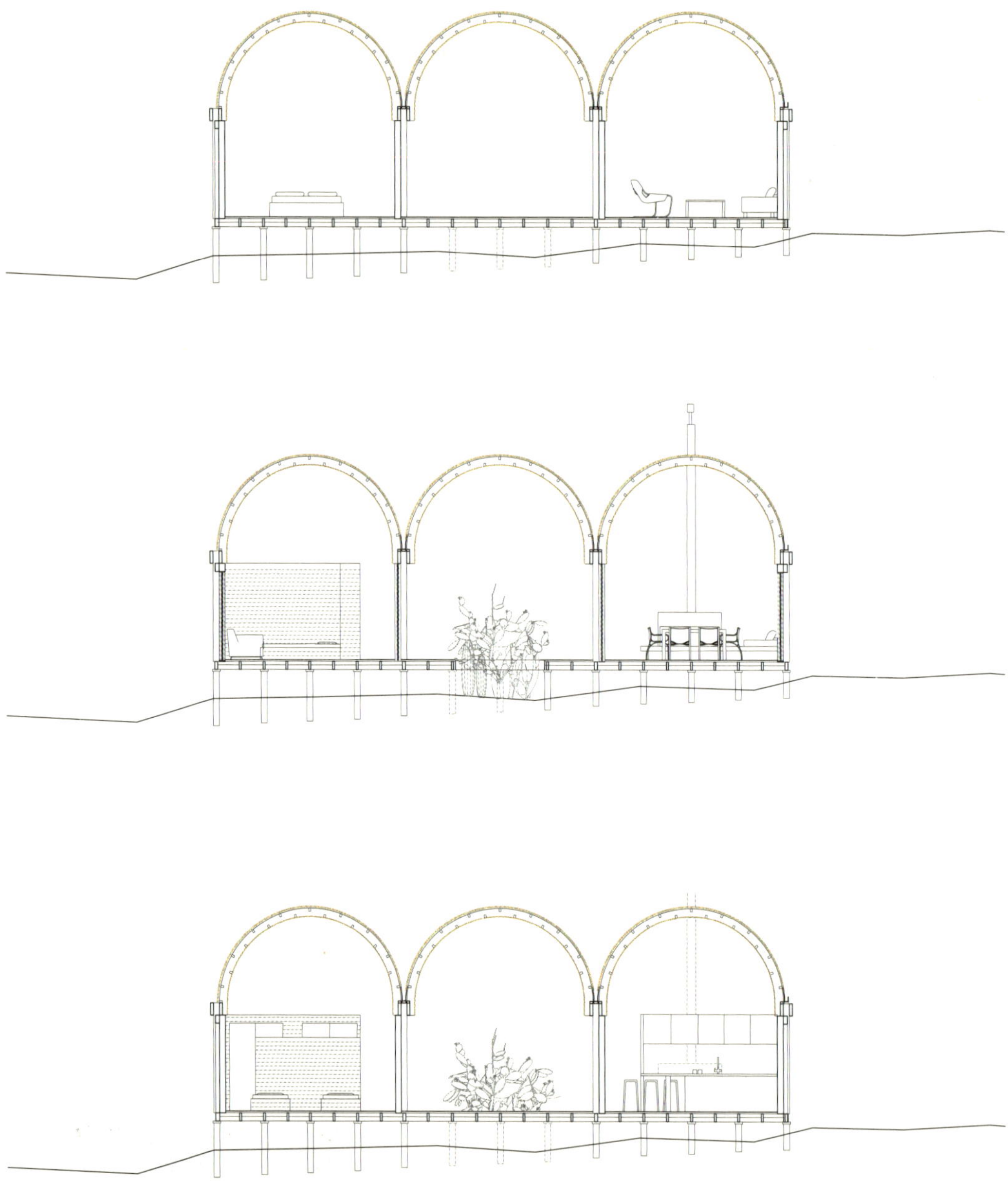

Sección A-A′ / Section A-A′ | Sección B-B′ / Section B-B′ | Sección C-C′ / Section C-C′

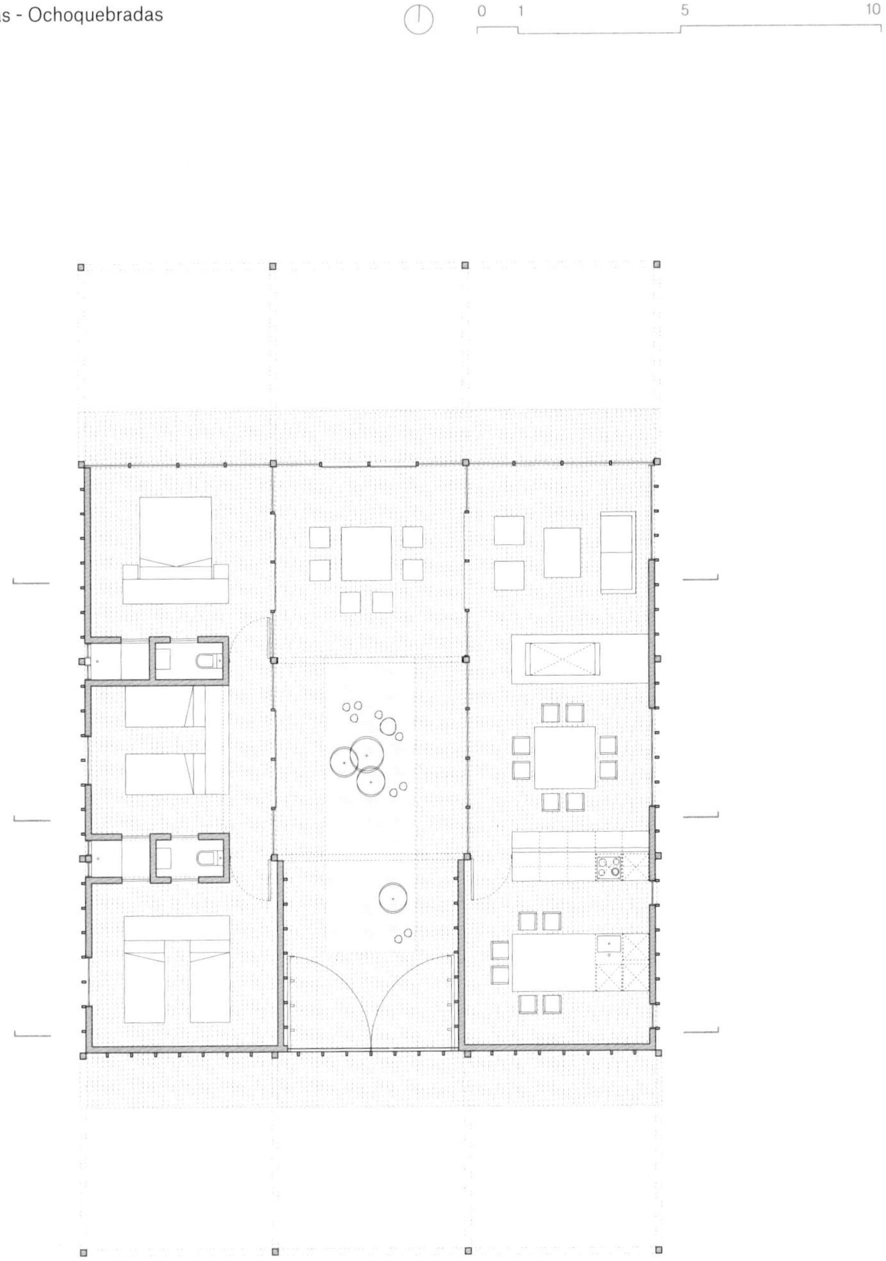

Planta / Plan

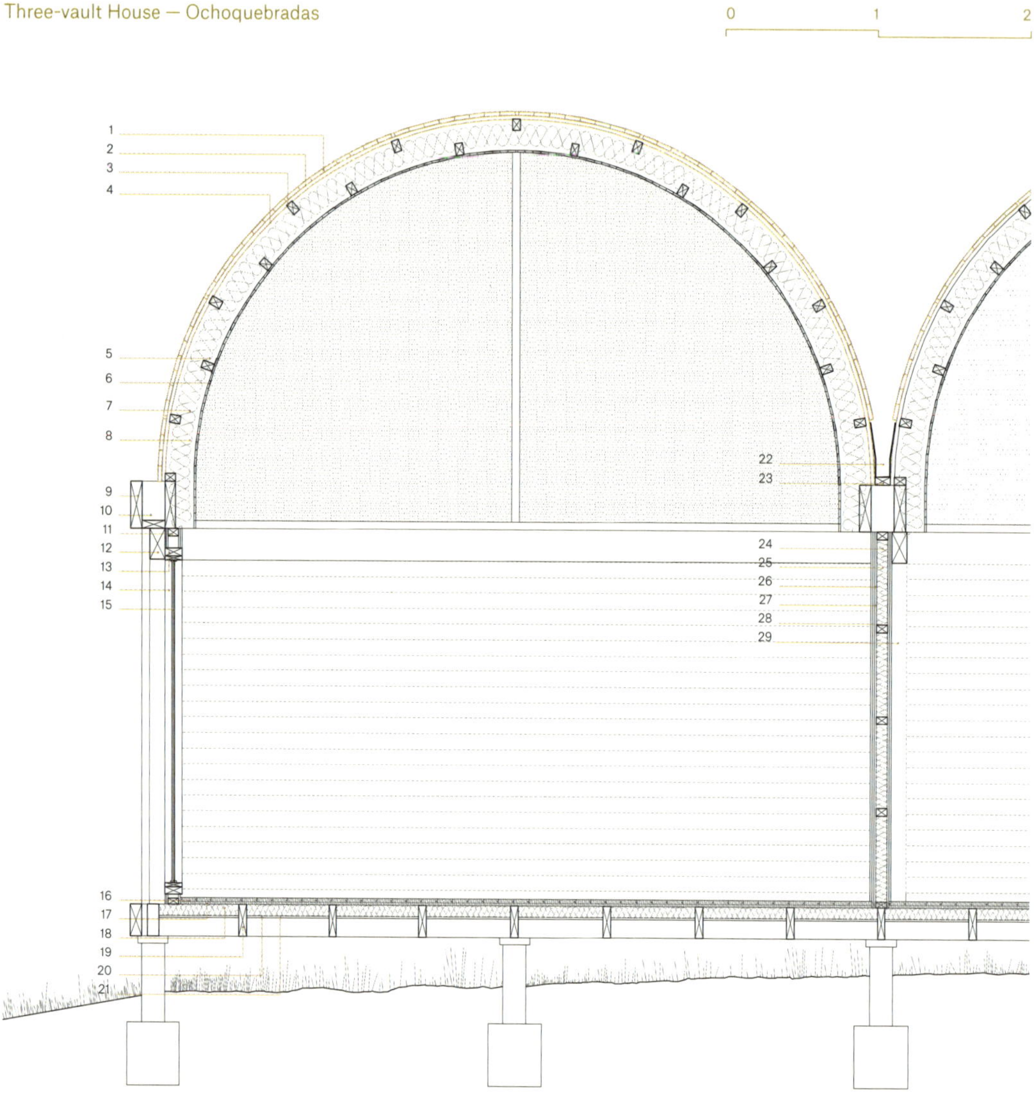

1 1" x 4" treated pinewood plank 2 Asphalt membrane 3 3mm plywood (Igol) panel 4 Hard foil paper 5 2" x 3" brushed and treated pinewood separators 6 200mm plywood rib 7 200mm mineral wool 8 ½" x 2" brushed pinewood plank 9 3" x 12" treated pinewood beam 10 6" x 6" treated pinewood strut 11 2" x 3" pinewood plank 12 4" x 8" treated pinewood plank 13 4" x 2" treated pinewood ledge 14 1" x 5" treated pinewood window frame 15 5 x 5mm thermopane window 16 1" x 4" brushed pinewood tongue-and-groove floor board 17 18mm OSB 18 70mm mineral wool 19 2" x 8" pinewood beam 20 12mm plywood board 21 Hard foil paper 22 e:4mm metallic bracket 23 2" x 4" treated pinewood plank 24 4" x 8" treated pinewood plank 25 70mm mineral wool 26 12mm OSB 27 12mm cladding 28 2" x 3" treated pinewood plank 29 4" x 2" pinewood plank

1 Entablado pino 1" × 4" impregnado 2 Membrana asfáltica 3 Panel contrachapado (Igol) 3mm 4 Papel hard foil 5 Separadores pino 2" × 3" cepillado impregnado 6 Costilla terciado 200mm 7 Lana mineral 200mm 8 Entablado pino ½" × 2" cepillado 9 Viga pino 3" × 12" impregnada 10 Pilar pino 6" × 6" impregnado 11 Pino 2" × 3" 12 Pino 4" × 8" impregnado 13 Alfeizar pino 4" × 2" impregnado 14 Marco ventana pino 1" × 5" impregnado 15 Ventana termopanel 5 x 5mm 16 Entablado de piso 1" × 4" cepillado machihembrado 17 Placa OSB 18mm 18 Lana mineral 70mm 19 Viga pino 2" × 8" 20 Placa terciado 12mm 21 Papel hard foil 22 Canaleta metálica e:4mm 23 Pino 2" × 4" impregnado 24 Pino 4" × 8" impregnado 25 Lana mineral 70mm 26 Placa OSB 12mm 27 Revestimiento 12mm 28 Pino 2" × 3" impregnado 29 Pino 4" × 2"

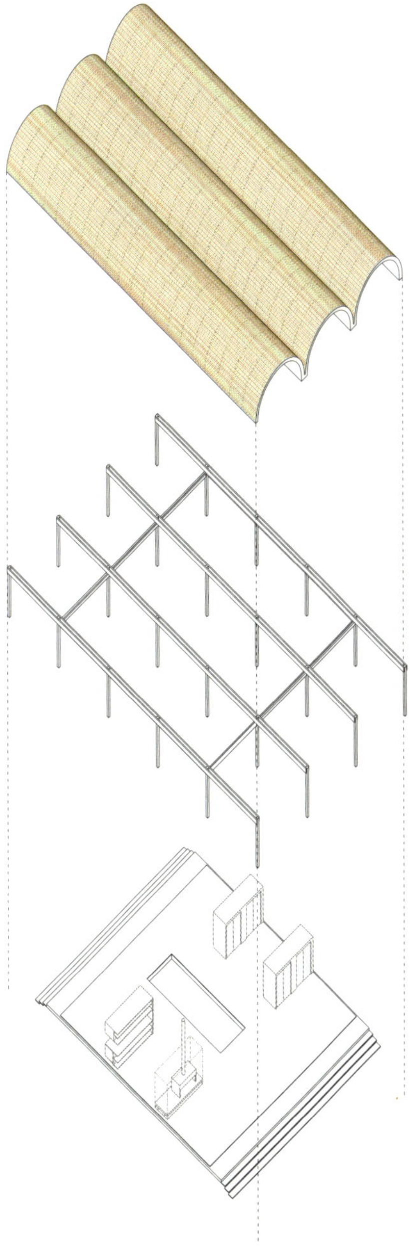

Axonométrico explotado / Axonometric projection

Casa en Providencia
House in Providencia

Construido
Built

296 m²
2017

01

02

03

Casa Roberto del Río / Roberto del Río House.

The project involves the renovation, transformation, and expansion of a patio and house of a mid-twentieth-century style in Providencia.[01] Reusing a construction[02] –and thereby extending its life– is a worthwhile endeavor in a time when everything is discarded in the aim of speculation.[03]

The first operation of the project was to bring out the value of the house, restoring it to its original state. This involved recovering spaces, measures, and relations that had disappeared, achieved by demolishing a series of poor-quality interventions that had been added on over time.[04]

The second operation was to reorder the site, the plan, and the program, giving them an updated function for a new lifestyle and generating a series of more integrated spatial relations that had not existed in the original house. Thus, complete interconnection has been established between the public spaces (the living room, dining room, and kitchen), the position of the entrance has been modified, and the house's relation with the exterior has been enhanced by a new system of patios and terraces.[05]

05

Villa en la ciudad / City Villa. OFFICE Kersten Geers David Van Severen.

The exterior space has become an urban patio again, shared by neighbors, by means of a series of terraces and transition areas that establish relations with the neighboring constructions, including a swimming pool, outside dining and living areas, parking, and a series of planters with different kinds of plants and trees.[06]

The third operation involved eliminating useless ornamentation such as cornices, railings, and balustrades,[07] which have been replaced by single-pane windows,[08] and unifying the volume by means of a single color, in order to generate a new neutrality.[09]

04

Casa de fin de semana / Weekend House. OFFICE Kersten Geers David Van Severen.

The fourth operation was the construction of a bedroom pavilion atop the very large, unused terrace on the second floor.[10] This pavilion is related to the preexisting construction by contrast: the structural system is based on numerous low-section steel elements that ensure the preexisting structure is not overloaded.[11]

The new pavilion generates an interior space with a novel relation to the exterior, by means of a window extending the entire length of the structure, in contrast to the distinct openings of the original house. In this way, the new design avoids copying the original one.[12]

06

Casa de verano / Summer House. OFFICE Kersten Geers David Van Severen.

El proyecto es la reforma, transformación y ampliación de un patio y una casa de estilo de mediados del siglo xx,[01] en Providencia. Reutilizar una construcción,[02] para extender su vida, supone una actitud deseable en tiempos donde todo se desecha para especular.[03]

07
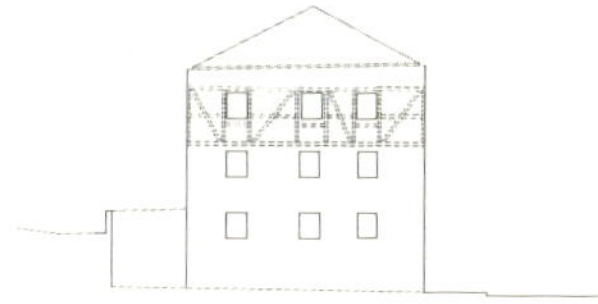

08

09

La casa amarilla / The Yellow House, Flims. Valerio Olgiati.

La primera operación del proyecto busca poner en valor la casa, devolviéndola a su estado original. Esto implica recuperar espacialidades, medidas y relaciones que habían desaparecido, demoliendo una serie de intervenciones de mala calidad que se fueron adicionando en el tiempo.[04]

Lo segunda operación ordena el sitio, la planta y el programa, actualizando el funcionamiento a un nuevo estilo de vida y logrando ciertas relaciones espaciales más integradas, que en la casa original eran inexistentes. De esta forma, se consigue una total relación entre recintos públicos, como el estar, el comedor y la cocina, se modifica la posición del acceso y se genera una mayor relación con el exterior y con el nuevo sistema de patios y terrazas.[05]

En el espacio exterior se retoma una condición de patio urbano, entre vecinos, construyendo una serie de situaciones y terrazas que establecen las relaciones con los medianeros. En ellas, se ubican una piscina, un comedor exterior, un estar, el estacionamiento y una serie de jardineras con distintos tipos de árboles y especies vegetales.[06]

10
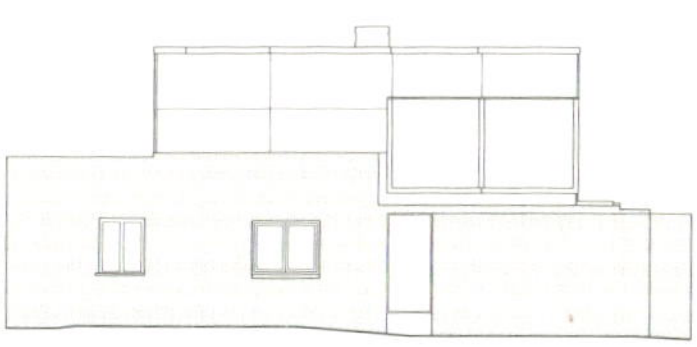

Pabellón sobre el jardín / Upper Lawn Pavilion. Alison & Peter Smithson. Dibujo de / Drawing by Guillermo Hevia García

La tercera operación implica eliminar ornamentos sin uso, como cornisas, barandillas o balaustras,[07] reemplazar las ventanas por paños de un solo cristal[08] y unificar el volumen mediante un mismo color para generar una nueva neutralidad.[09]

La cuarta operación es la construcción de un pabellón dormitorio encima de una terraza sobredimensionada y sin uso en el segundo piso.[10] Este pabellón se relaciona con lo existente por contraste, mediante un sistema material y estructural en base a una abundancia de elementos de baja sección en acero, evitando sobrecargar lo existente.[11]

Este pabellón construye una nueva espacialidad interior y establece una relación inédita con el exterior a partir de una ventana en toda la longitud, en contraposición con las aperturas puntuales de la casa original. De esta manera, se evita mimetizar lo nuevo con lo original.[12]

Pabellón sobre el jardín / Upper Lawn Pavilion. Alison & Peter Smithson.

12

11

Pabellón sobre el jardín / Upper Lawn Pavilion.
Alison & Peter Smithson, 1959-1962.

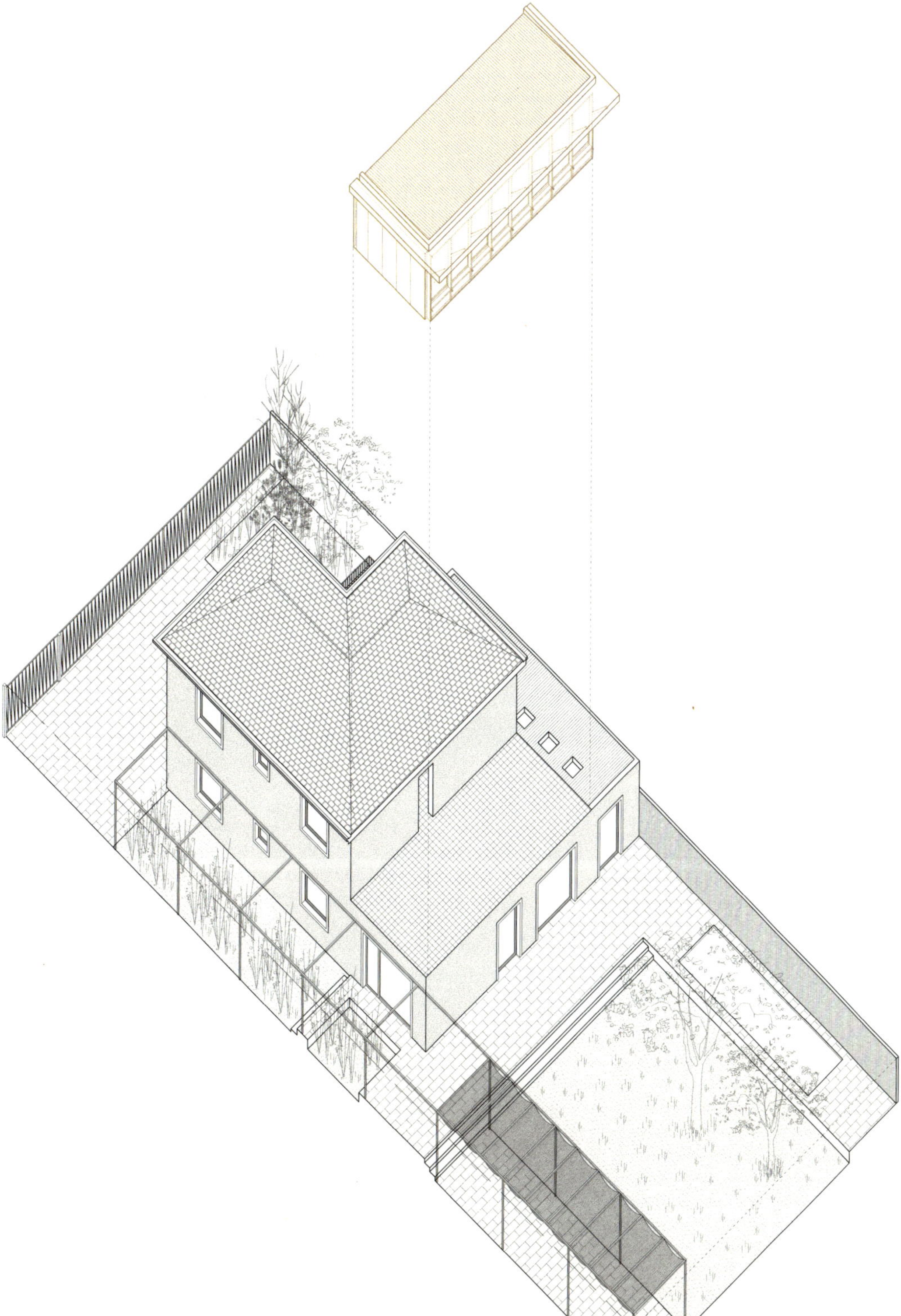

Axonométrico explotado / Axonometric projection

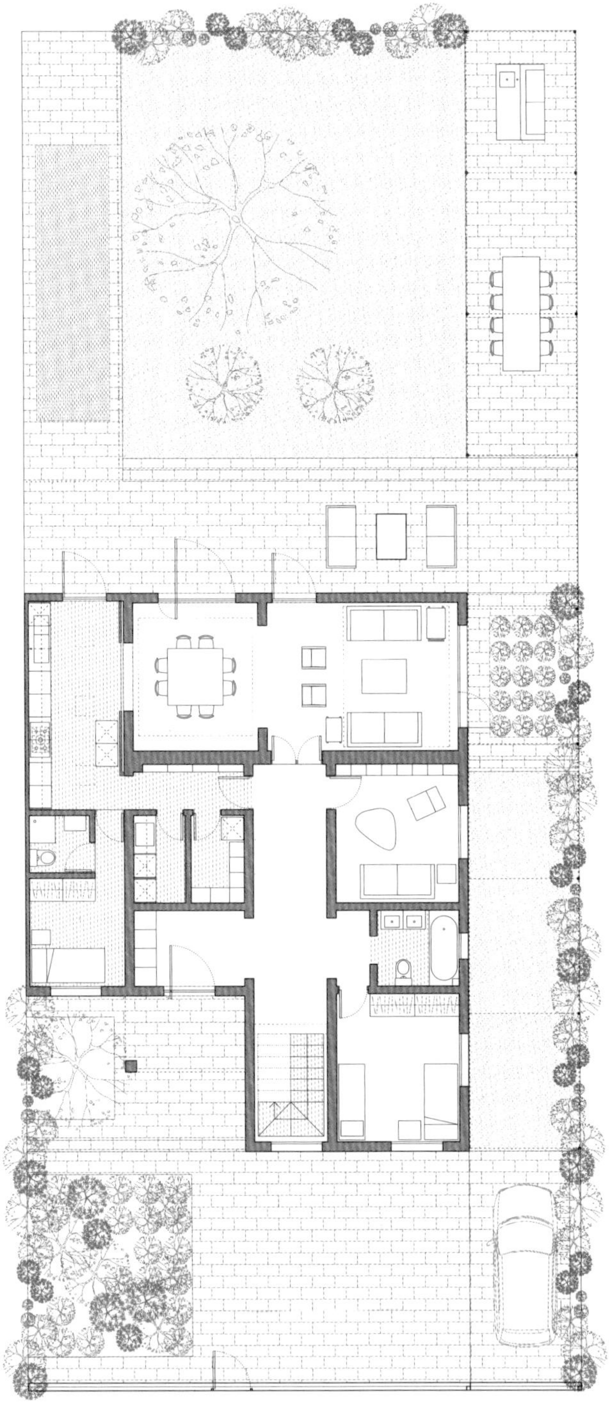

Planta baja / Ground floor

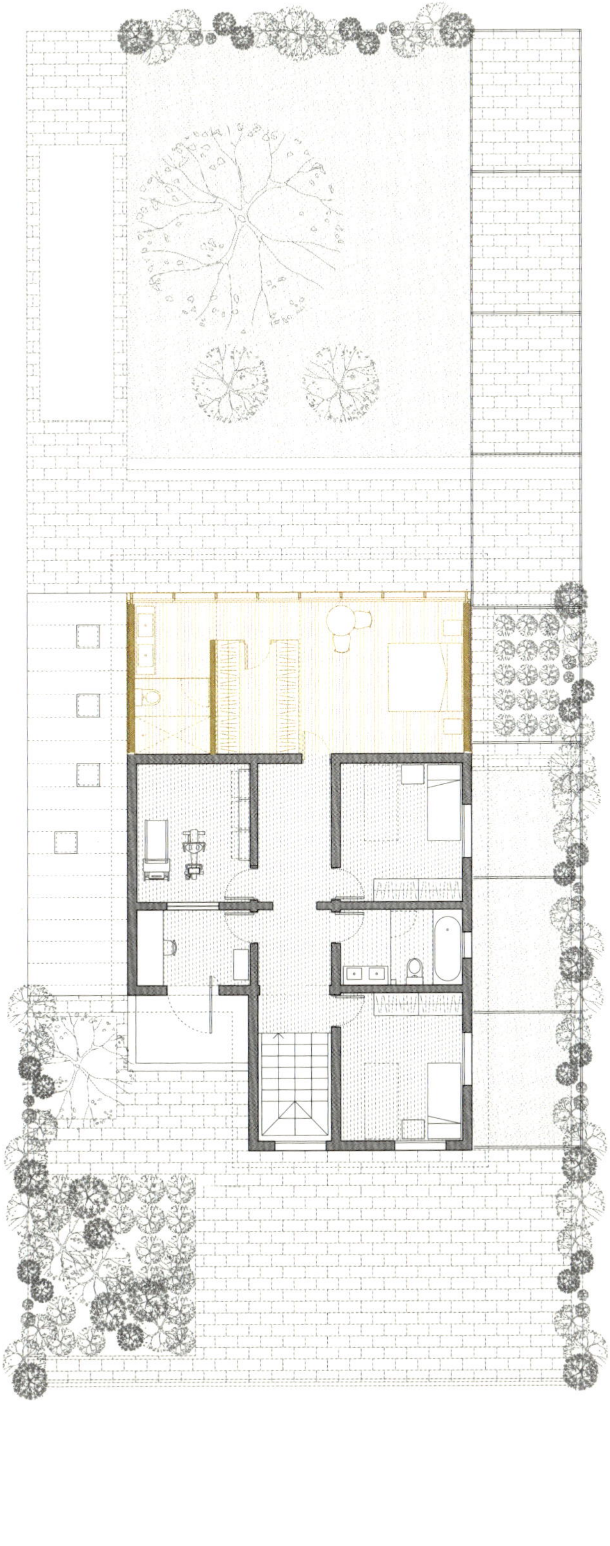

Planta alta / Upper floor

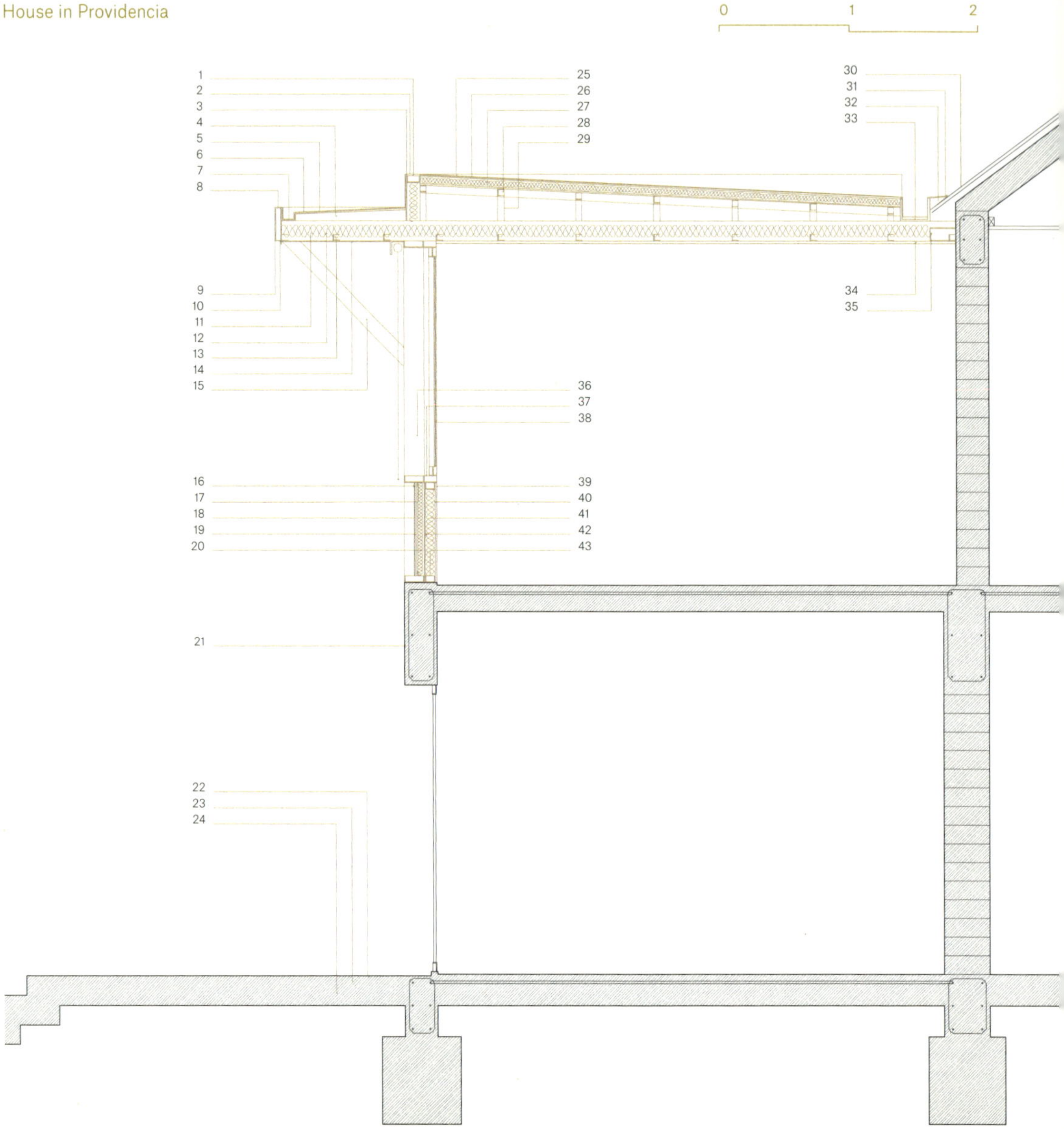

1 Tubular steel brace 100 × 50 × 3mm 2 Sheet of 2mm steel 3 15mm OSB 4 2" × 4" pinewood with 4% slant 5 15mm OSB 6 Black zinc roof slab 7 Rainwater gutter 8 Grey rainscreen siding 9 Tubular steel brace 250 × 50 x3mm 10 25 × 25 × 3mm L-brace 11 150 × 50 × 3mm channel bar 12 150mm mineral wool insulation 13 C-shaped 50 × 50 × 3mm channel bar 14 2mm textured grey steel plate 15 Textured grey steel strut 100 × 50 × 3mm 16 Sheet of 2mm steel 17 25 × 25 × 3mm L-brace (sheet fastener) 18 Vapor barrier 19 15mm OSB 20 50mm mineral wool insulation 21 Existing wall end. Thick lead paint 22 60 × 30 × 4cm prefabricated concrete slab 23 Mortar 24 Concrete slab for terrace 25 Black zinc roof slab 26 Vapor barrier 27 75mm structural insulating panel 28 50 × 50 × 3mm channel bar 29 50 × 50 × 3mm metallic brace separator 30 Existing roof 31 Zinc lining of existing roof 32 Wooden connection piece 33 Rainwater channel 34 20mm cardboard plastering. Water-based white enamel paint 35 200 × 100 × 3mm tubular steel brace. New/existing connection 36 250 × 50 × 3mm grey textured tubular steel brace 37 100 × 50 × 3mm grey textured tubular steel brace 38 Aluminum thermopane window with UV protection 39 White paint 40 15mm OSB 41 75mm mineral wool insulation 42 15mm fibrocement plate 43 75 × 50 × 3mm tubular steel brace

1 Perfil tubular de acero 100 × 50 × 3mm 2 Hoja de acero 2mm 3 Placa OSB 15mm 4 Pieza madera pino 2" × 4" pendiente 4% 5 Placa OSB 15 mm 6 Cubierta de chapa de zinc negro 7 Canaleta de aguas lluvia 8 Forro terminación cortagotera gris 9 Perfil tubular de acero 250 × 50 × 3mm 10 Perfil L 25 × 25 × 3mm 11 Perfil costanera 150 × 50 × 3mm 12 Aislante térmico lana mineral 150mm 13 Perfil costanera C 50 × 50 × 3mm 14 Placa de acero gris texturado 2mm 15 Puntal de acero 100 × 50 × 3mm gris texturado 16 Hoja de acero 2mm 17 Perfil L 25 × 25 × 3mm (fijación de hoja) 18 Barrera de vapor 19 Placa OSB 15mm 20 Aislante térmico lana mineral 50mm 21 Muro existente terminación pintura densa grafito 22 Loseta de concreto prefabricada 60 × 30 × 4cm 23 Mortero 24 Losa de concreto para terraza 25 Cubierta de chapa de zinc negro 26 Barrera de vapor 27 Panel SIP 75mm 28 Perfil costanera 50 × 50 × 3mm 29 Separador de perfil metálico 50 × 50 × 3mm 30 Techo existente 31 Forro zinc conexión techo existente 32 Pieza madera conexión 33 Canaleta de aguas lluvia 34 Placa yeso carton 20mm esmalte al agua blanco 35 Perfil tubular de acero 200 × 100 × 3mm. conexión nuevo/existente 36 Perfil tubular de acero 250 × 50 × 3mm gris texturado 37 Perfil tubular de acero 100 × 50 × 3mm gris texturado 38 Ventana aluminio termopanel protección UV 39 Terminación pintura blanca 40 Placa OSB 15mm 41 Aislante térmico lana mineral 75mm 42 Placa fibrocemento 15mm 43 Perfil tubular de acero 75 × 50 × 3mm

Casa con patio
en Lago Ranco
House with patio
in Lago Ranco

Construido
Built

398 m^2
2018

01

02

Galpón Klenner / Klenner shed.

Entirely of wood, the project is governed by two concepts: order and structure.

In our many visits to the Lake Ranco area in recent years, we have always been struck by the mid-twentieth-century shed,[01] with its structure of beams, pillars, and struts, which can be observed as one enters the village of Futrono from the north.

The remarkable thing about the construction is its exposed structure, in the form of an exoskeleton,[02] something we have not observed in any other agricultural shed in the zone.

The design of the house draws on this structural principle of pillar, strut, and beam.[03]

The house is configured by means of a single section, repeated and systematized,[04] with all of the structural elements exposed beneath a large roof.

We decided to use an exoskeleton,[05] making the structure independent of the cladding, so that the structure and roof could be built during the dry weather[06] and the rest of the work finished during the rainy season.

04

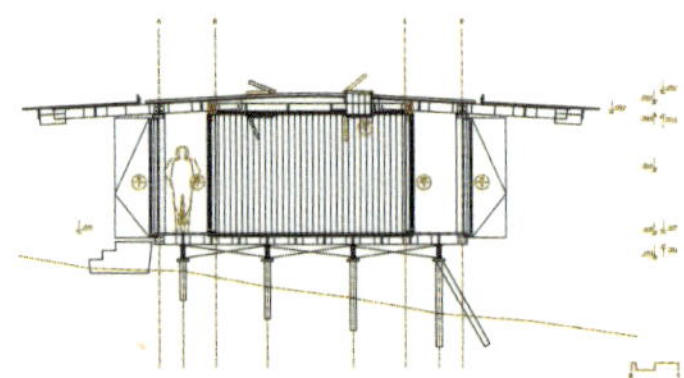

Casa Gallinero (sección) / Gallinero House (section). Eduardo Castillo.

The house is square in plan, organized around a central patio, which allows multiple interior/exterior interrelations to be generated. It does not face in any one direction, and this multi-directionality keeps it from falling into the commonplace solution of turning completely toward the lake. Relations have been established with the immediate context (tree trunks, grass, and rocks),[07] the intermediate context (woods, meadows, and water),[08] and the distant context (lake, island, and hills).[09]

05

Galpón Salinas de Boyeruca / Salinas de Boyeruca shed.

The insertion of a patio made it possible to establish a new relation with the exterior, by containing or enclosing the house in a slice of wild nature.[10] The patio generates double orientations in all the bays and provides the spaces with plenty of natural light during day, while at the same time functioning as an impluvium to carry off rainwater.

The program, designed to meet the needs of a large family, has been organized following the logic of a hotel, with a series of bedrooms each equipped with its own bathroom alternating with public areas. The entire house is ordered –and interconnected visually– by a circulation that skirts that perimeter of the patio.[12]

06

Levantamiento de granero en / Elevation of barn in Toronto.

07

08

09

Bahía Quimán, Lago Ranco.

10

Bibliothèque nationale de France. Dominique Perrault, 1996.

El proyecto, completamente en madera, se rige por dos temas: el orden y la estructura.

En los múltiples recorridos que hemos realizado por el lago Ranco durante los últimos años, siempre nos ha llamado la atención un galpón de mediados del s. XX,[01] que se encuentra en el acceso norte del pueblo de Futrono y tiene un sistema estructural en base a pilares, puntales y vigas.

Lo excepcional de este caso es que la estructura se encuentra por delante del revestimiento, a modo de un exoesqueleto,[02] algo que no hemos visto en ningún otro galpón agrícola de la zona.

El proyecto traslada este principio estructural, compuesto por pilar, puntal y viga.[03]

La casa se configura mediante una única sección, que se repite y sistematiza,[04] donde todos los elementos estructurales se han dejado a la vista y bajo una gran cubierta.

11

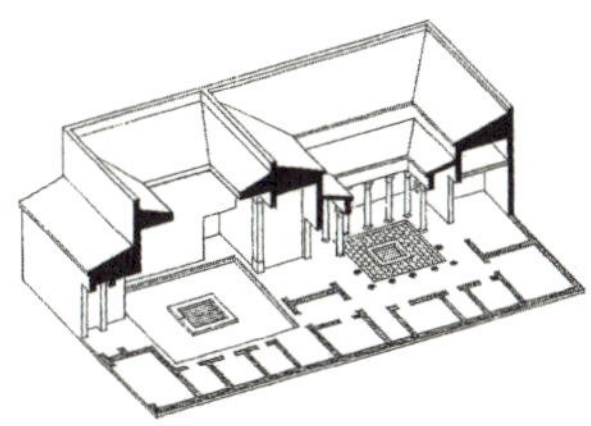

Impluvium (gráfico conceptual) / Impluvium (conceptual graphic).

Se opta por emplear un exoesqueleto,[05] independizando la estructura y el revestimiento, para montar toda la estructura y la cubierta en los meses de buen tiempo[06] y poder trabajar en las terminaciones durante los meses lluviosos.

La casa es un cuadrado que se ordena en torno a un patio central, que permite construir múltiples relaciones interiores y exteriores. La vivienda no tiene una dirección predominante, es multidireccional, evitando el lugar común de volcarse completamente hacia el lago. Se trabajan así relaciones con el contexto inmediato —los troncos, las hierbas y las rocas[07]— con el contexto intermedio —los bosques, los prados y el agua—[08] y con el lejano —el lago, las islas y los cerros.[09]

La inserción de un patio permite construir una nueva relación con el exterior, al contener o encerrar en la casa un trozo de naturaleza salvaje.[10] El patio permite generar dobles orientaciones en todas las crujías e iluminar naturalmente durante todo el día, al mismo tiempo de que conduce las aguas lluvias, a la manera de un impluvio.[11]

El programa, destinado a acoger a una familia numerosa, se ha organizado bajo la lógica de un hotel, donde una serie de habitaciones con baño se alternan con programas más públicos. Toda la casa se ordena a partir de una circulación que bordea el perímetro del patio y conecta visualmente toda la casa.[12]

Venerum de la Casa de Salustio / Venerum of the House of Sallust.

12

03

Galpón Klenner / Klenner shed.

Axonométrico explotado / Axonometric projection

Sección A-A′ / Section A-A′ | Sección B-B′ / Section B-B′

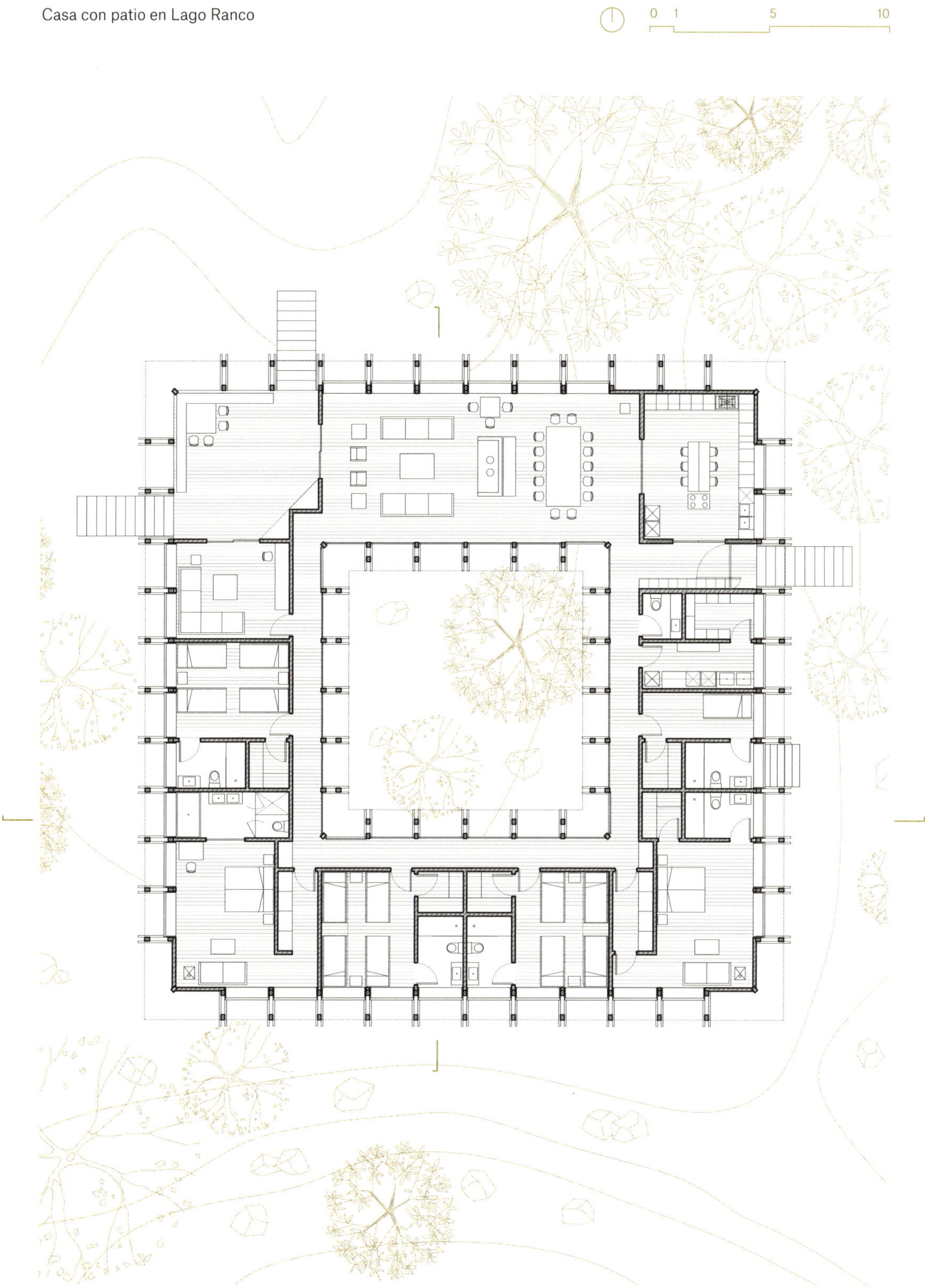

Planta / Plan

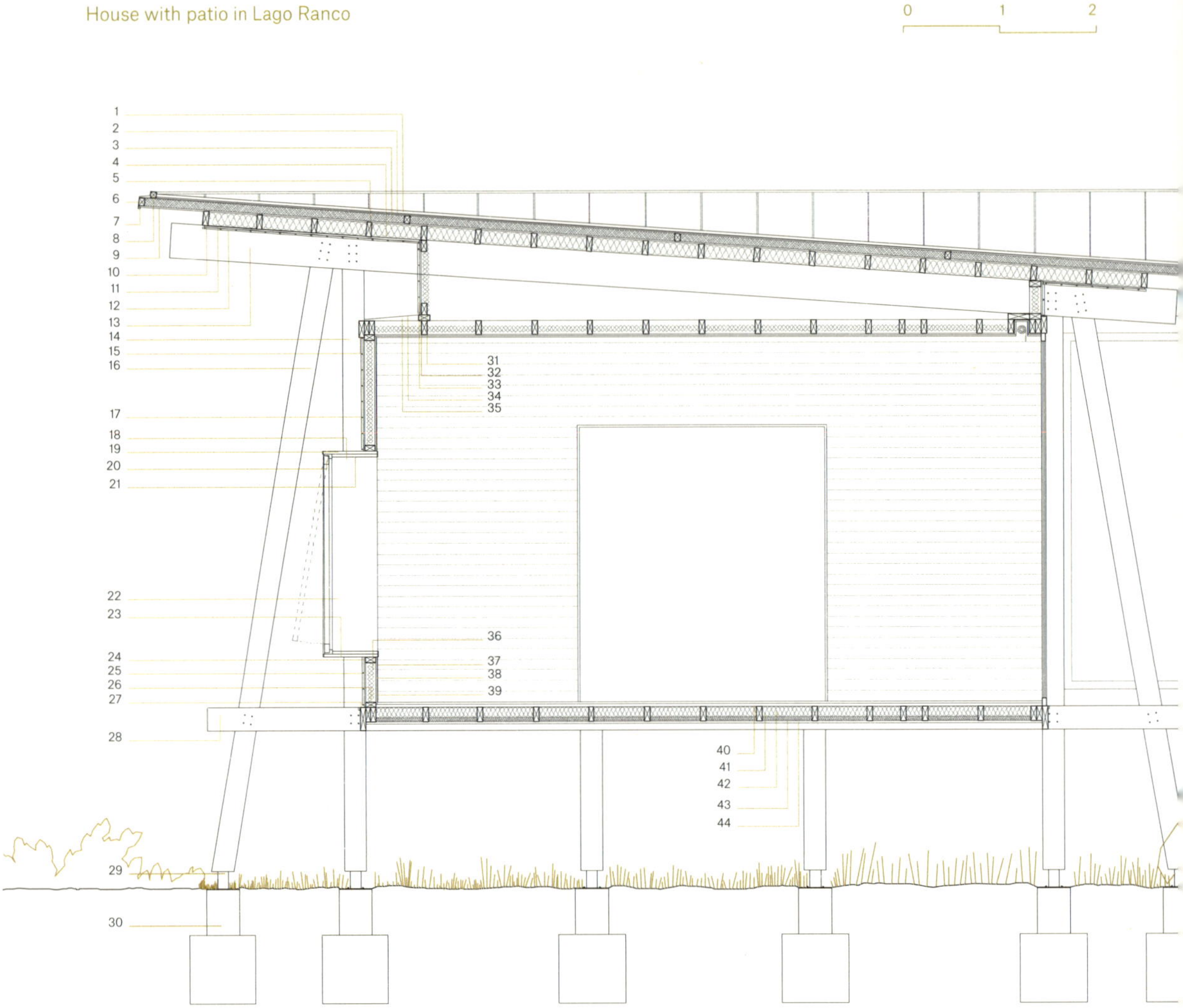

1 Metallic plate roof 50cm. Black paint 2 Hard foil paper 3 90mm structural insulating panel 4 Felt paper 5 Channel bar. 2" × 5" treated pinewood 50cm 6 Joint for structural insulating panel. 2" × 3" brushed and treated pinewood 7 0.6cm steel brace. Black paint 8 2" × 2" brushed and treated pinewood 9 X0.6mm steel brace. Black paint 10 Channel bar. 2" × 5" treated pinewood 50cm. Black paint 11 12mm OSB 12 ¾" × 4" brushed and treated tongue-and-groove pinewood 13 3" × 12" laminated wooden beam 14 6" × 8" laminated pinewood strut. Black paint 15 2" × 6" treated pinewood. Black paint 16 6" × 8" laminated pinewood diagonal strut. Black paint 17 ½" × 5" brushed and treated tongue-and-groove pinewood board. Black paint 18 0.6mm steel brace. Black paint 19 Window frame. 25mm double plywood panel 20 Aluminum window, as per supplier 21 Mañío wood plate for interior window frame 22 Window frame. 25mm double plywood panel 23 0.6mm steel lining 24 12mm OSB 25 ½" × 5" brushed and treated tongue-and-groove pinewood board. Black paint 26 2" × 4" brushed and treated pinewood 27 0.6mm steel brace. Black paint 28 3" × 8" laminated wooden beam. Black paint 29 100 × 100 × 10mm oxidized steel brace. Renner paint (e.g. Creizet) 30 Foundation 31 2" × 4" treated pinewood plank 32 12mm OSB 33 1" × 4" brushed and treated tongue-and-groove pinewood board 34 0.6mm steel brace. Black paint 35 2" × 2" treated pinewood with diagonal cut 36 100mm mineral wool 37 Hard foil paper 38 9mm MDF 39 1" × 4" brushed Mañío tongue-and-groove 40 25mm structural plywood 41 2" × 5" treated pinewood 50cm 42 60mm mineral wool 43 40mm expanded polystyrene 44 1" × 5" treated pinewood plank

1 Cubierta de chapa metálica 50cm pintura negra 2 Papel hard foil 3 Panel SIP 90mm 4 Papel fieltro 5 Costanera pino 2" × 5" impregnado 50cm 6 Unión Panel SIP. pino 2" × 3" cepillado impregnado 7 Perfil de acero e. 0.6mm. pintura negra 8 Pino 2" × 2" cepillado impregnado 9 Perfil de acero e. 0.6mm pintura negra 10 Costanera pino 2" × 5" impregnado 50cm pintura negra 11 Placa OSB 12mm 12 Pino ¾" × 4" cepillado impregnado machihembrado 13 Viga madera laminada 3" × 12" 14 Pilar madera laminada de pino 6" × 8" pintura negra 15 Pino 2" × 6" impregnado pintura negra 16 Diagonal madera laminada de pino 6" × 8" pintura negra 17 Entablado de pino ½" × 5" cepillado impregnado machihembrado pintura negra 18 Perfil de acero e. 0.6mm pintura negra 19 Marco ventana doble panel contrachapado marino 25mm 20 Ventana aluminio 21 Enchape mañío marco interior vano ventana 22 Marco ventana doble panel contrachapado marino 25mm 23 Forro de acero 0.6mm 24 Placa OSB 12mm 25 Entablado de pino ½" × 5" cepillado impregnado machihembrado pintura negra 26 Pino 2" × 4" cepillado impregnado 27 Perfil de acero e. 0.6mm pintura negra 28 Viga madera laminada de pino 3" × 8" pintura negra 29 Perfil de acero oxidado 100 × 100 × 10mm pintura Renner (Ex Creizet) 30 Cimentación 31 Pino 2" × 4" impregnado 32 Placa OSB 12mm 33 Pino 1" × 4"cepillado impregnado machihembrado 34 Perfil de acero e. 0.6mm pintura negra 35 Pino 2" × 2" impregnado con rebaje diagonal 36 Lana mineral 100mm 37 Papel hard foil 38 MDF 9mm 39 Mañío ½" × 4"cepillado machihembrado 40 Contrachapado estructural 25mm 41 Pino 2" × 5" impregnado 50cm 42 Lana mineral 60mm 43 Poliestireno expandido 40mm 44 Entablado pino 1" × 5" impregnado pintura negra

Tú reflexión
You Reflection

Construido
Built

600 m^2
2016

01

Sin título (Pintura fluida) / Untitled (Pour painting). John Armleder, 1991.

We do not know for certain whether You Reflection is a real experience, an illusion, a landscape, an object, an artistic endeavor, or a combination of all or some of these. It is this uncertainty, which immediately strikes the visitor and ends up giving sense to the project, that interests us.[01]

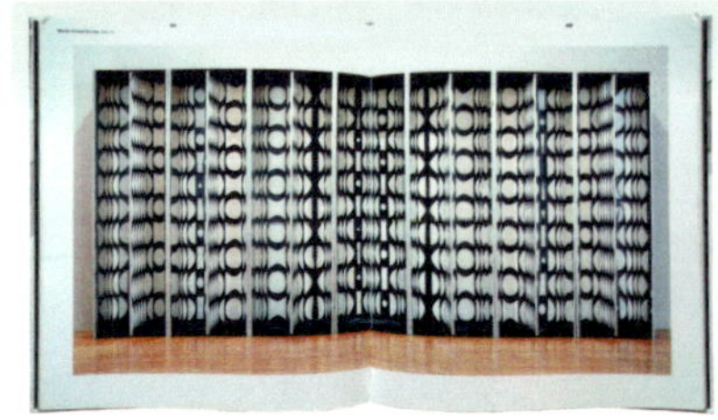

02

Desplazamientos / *Displacements*. Julio Le Parc, 1976.

We have attempted to construct an uncertain experience, an uncanny situation that we cannot expect to control, given the countless possibilities of reflection and distortion offered by the sheets of mirrored aluminum.[02]

03

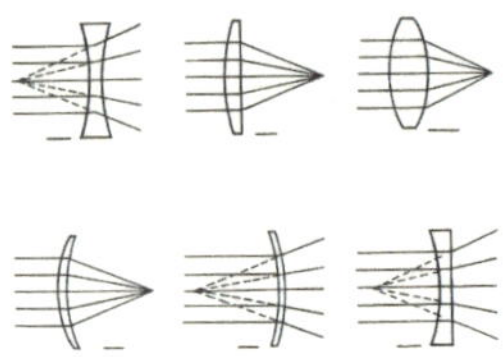

Esquemas cóncavo-convexo / Concave-convex patterns.

The starting point of the project is in the two senses of the word reflection: the optical sense, which refers to the physical aspect of the phenomenon, and the mental one, which refers to a state of introspection.[03] It is this double condition, sensorial and mental, that the name of the project ('You Reflection') alludes. The project only exists insofar as the visitor has an encounter with it.[04]

The materialization of this experience is achieved by means of two operations:

The first is the definition of a support or topography, a landscape of gentle hills, covered in countless wildflowers[05] and traversed by a little creek. Conveyed from some imaginary place, this landscape could be a snapshot of a painting by Alfred Sisley.[06]

The second operation is the insertion of three two-dimensional planes of mirrored aluminum to configure a series of interior and exterior spaces. These ribbons of aluminum are structured by means of concavities and convexities that make them self-supporting when inserted into the ground, with a uniform horizon 3.2 meters tall and a thickness of just 25 mm. The interrelations among these planes multiply the number of reflecting and distorting moments to a produce an interaction that belongs to a world of illusion.[07]

04

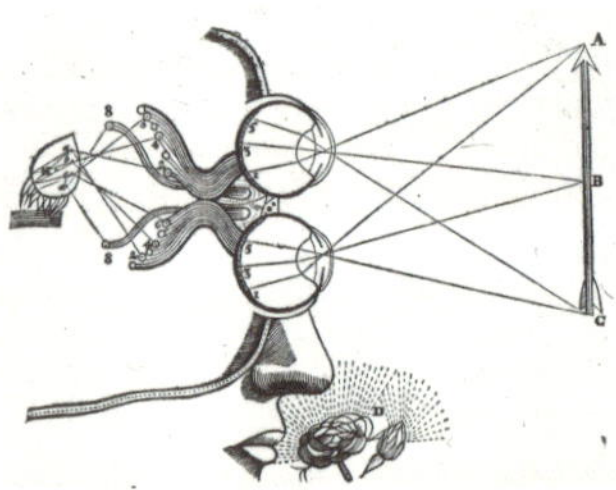

Ilustración de la coordinación de los sentidos / Illustration of the coordination of the senses. René Descartes, 1692.

05

Balbisia Peduncularis

As was the case with the Palacio del Alba y el Ocaso (Palace of Dawn and Sunset)[08] or the terrace of the expansion of the ETSAB building in Barcelona,[09] there are no horizontal roof elements. Light and shadow are projected and configured by the angle of the sun's rays onto the vertical plane.

Avenue of Chestnut Trees at La Celle-Saint-Cloud. Alfred Sisley.

06

The pavilion generates a universe of illusions, as if we were standing before a painting by René Magritte[10] or one of Francis Bacon's portraits.[11] We have sought to change the center of the proposal from the object itself to the experience of the subject, showing how the visitors' context or surroundings will be reflected and distorted with and before them.

No sabemos con certeza si "Tú reflexión" es una experiencia, una ilusión, un paisaje, un objeto, una aproximación artística o una mezcla de varias. Esa posición de incertidumbre, que es capaz de interpelar al visitante y volverlo aquello que le da sentido al proyecto, nos interesa.[01]

Hemos querido construir una experiencia incierta, una situación de extrañamiento, de la cual no pretendemos tener el control, puesto que las posibilidades de reflejo y deformación provocada por los planos de aluminio espejado son infinitas.[02]

El proyecto tiene su punto de partida en las dos definiciones de la palabra reflexión, la óptica, en el sentido físico del fenómeno, y la mental, que genera un estado de introspección.[03] A esta doble condición, sensorial y mental, alude el nombre de la propuesta "Tú reflexión", debido a que el proyecto existe en la medida en que el visitante se encuentra en él.[04]

07

Fotograma de / Still from *The Lady from Shanghai.* Dir. Orson Welles, 1947.

La materialización de esta experiencia se logra mediante dos operaciones: La primera es la definición de un soporte o topografía, un paisaje de lomas suaves, coloreado por una infinitud de flores silvestres[05] y que es atravesado por un pequeño arroyo. Este paisaje se traslada desde un lugar imaginario, que podría ser el instante de alguna pintura de Alfred Sisley.[06]

08

Palacio del Alba y el Ocaso / Palace of the Dawn and of the Sunset, Ciudad Abierta, Chile.

La segunda operación es la inserción de tres planos bidimensionales de aluminio espejado, que construyen una serie de espacios interiores y exteriores. Estas cintas se estructuran mediante concavidades y convexidades que le permiten autosoportarse en un mismo horizonte de 3.2m y con sólo 25 mm de espesor, enterrándose en el terreno. La relación entre estos planos permite multiplicar la cantidad de situaciones reflectantes y de deformación, para producir una interacción perteneciente a un mundo de ilusiones.[07]

10

Le blanc-seing. René Magritte, 1965.

09

Terraza / Terrace ETSAB, José Antonio Coderch.

Al igual como sucede en el Palacio del Alba y el Ocaso[08] o en la terraza de la ampliación del edificio de la ETSAB[09] en Barcelona, no existen elementos horizontales de techo, la luz y la sombra se configuran y proyectan por la incidencia en el plano vertical.

El pabellón genera un universo de ilusiones, como si nos encontráramos en una pintura de René Magritte[10] o frente a algunos retratos de Francis Bacon.[11] Hemos querido cambiar el centro de la propuesta del objeto a la experiencia del sujeto y cómo su rededor o contexto se reflejarán y deformarán con y frente a él.

Tres estudios de cabeza para Isabel Rawsthorne / Three Studies for Head of Isabel Rawsthorne. Francis Bacon, 1964.

11

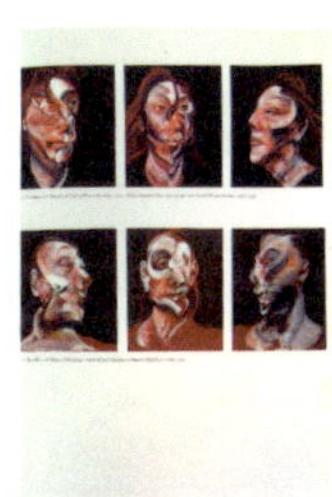

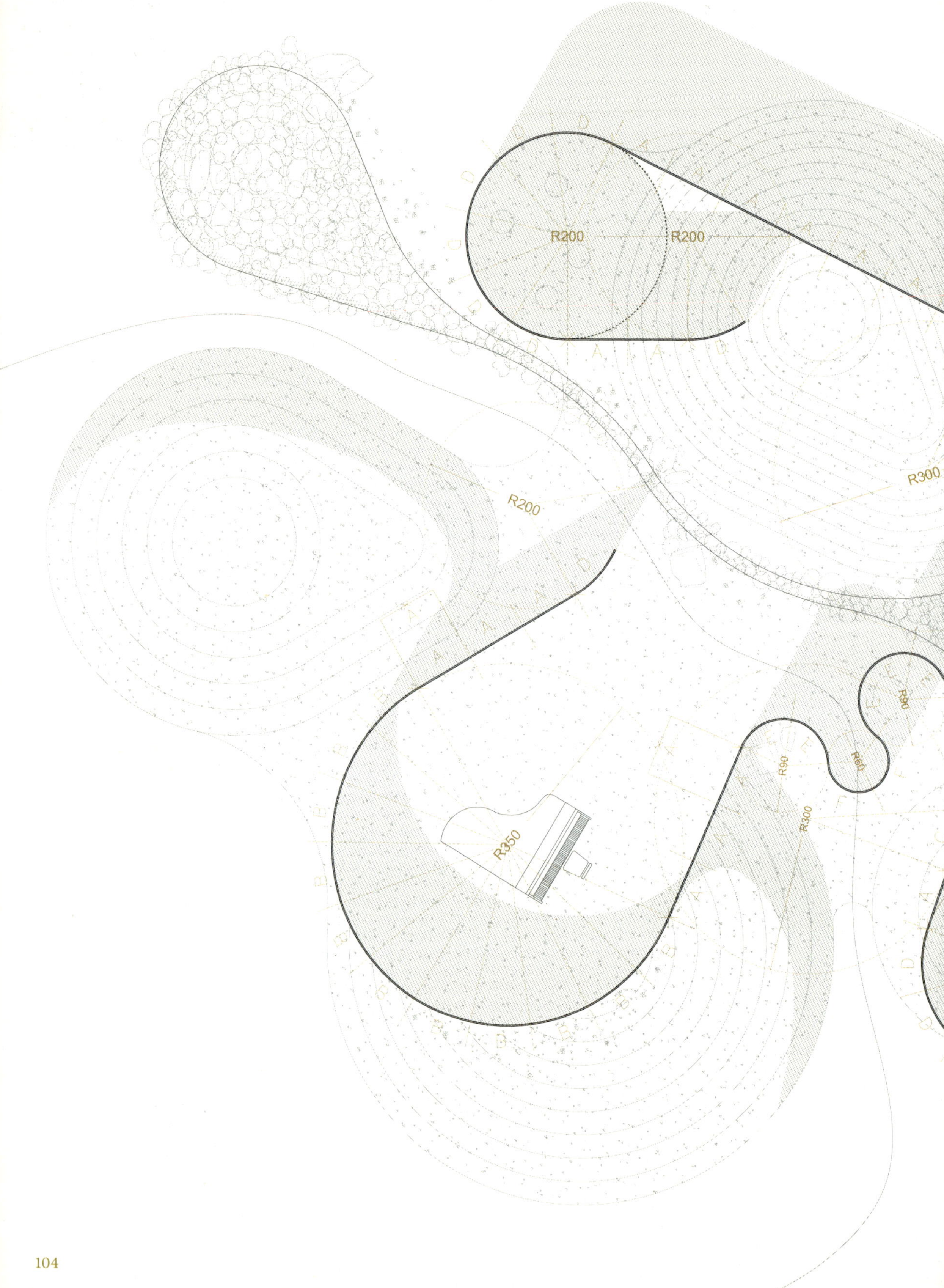
R200
R200
R300
R200
R90
R90
R60
R300
R350

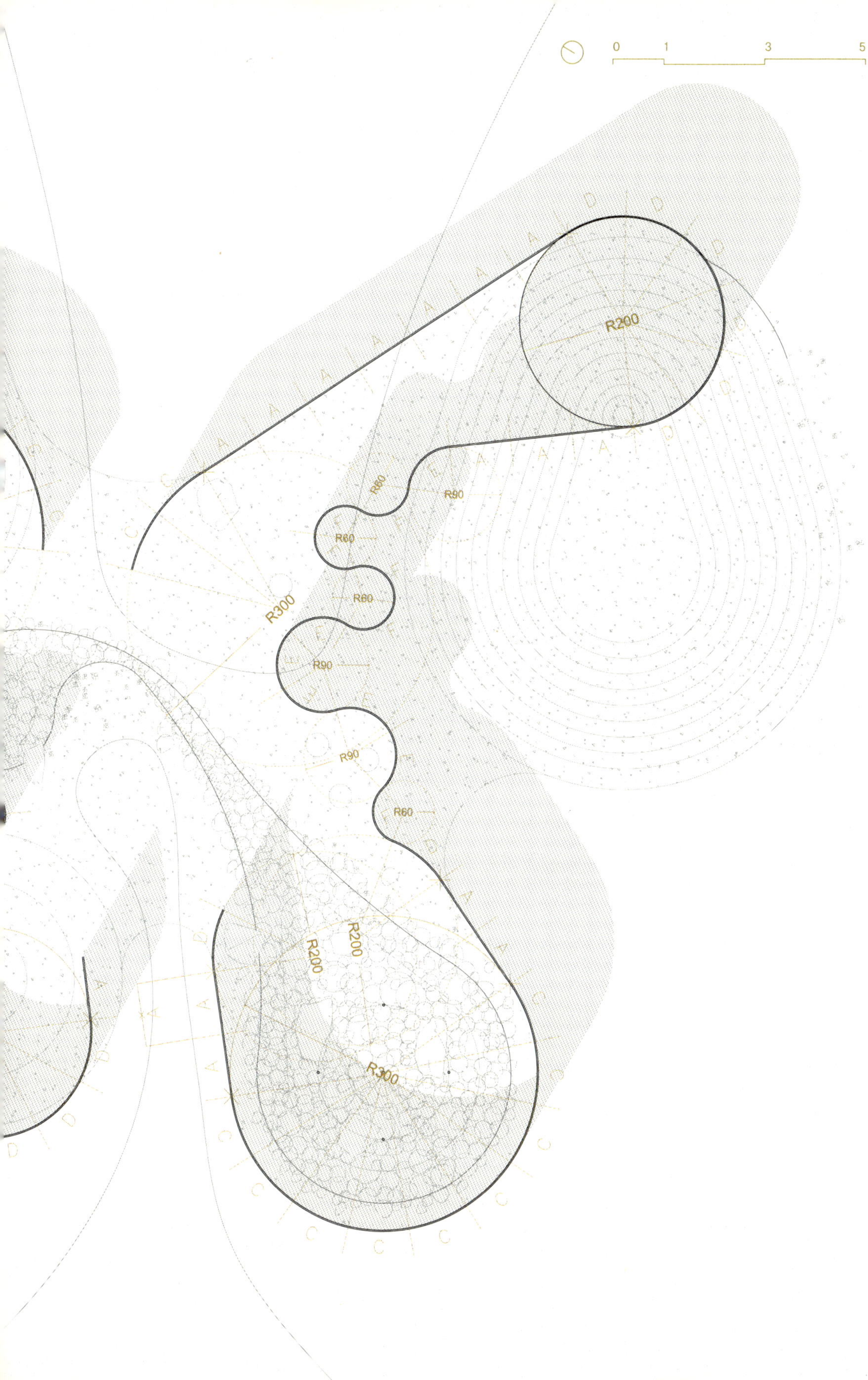
0
1
3
5
R200
R300
R90
R60
R60
R60
R90
R90
R60
R200
R200
R300

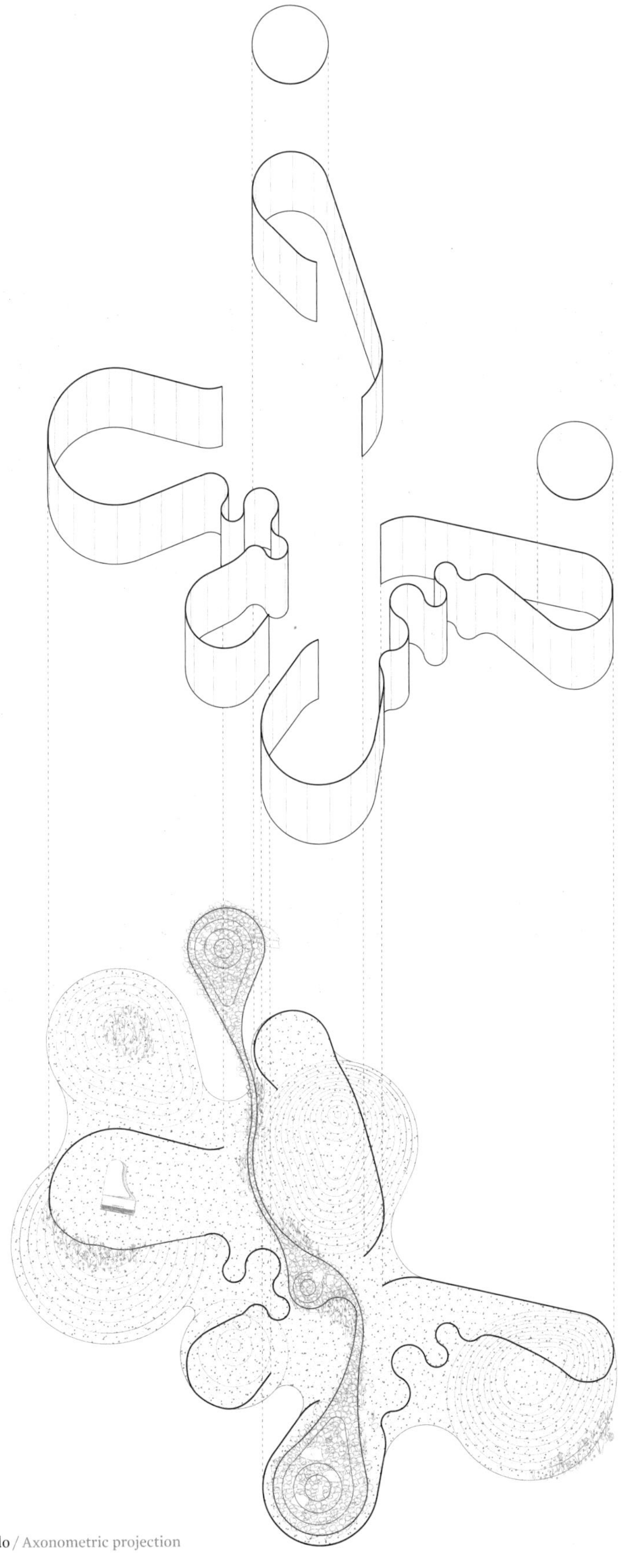

Axonométrico explotado / Axonometric projection

Agencia de publicidad Pedro, Juan y Diego	Construido	620 m²
Pedro, Juan y Diego Advertising Agency	Built	2014

The commission was for the offices of an advertising agency in the basement of a building in the city of Santiago. The main premise has been to build a place where people can work creatively and collaboratively, the office space being a reflection, or physical manifestation, of the spirit of the agency.[01–02]

02

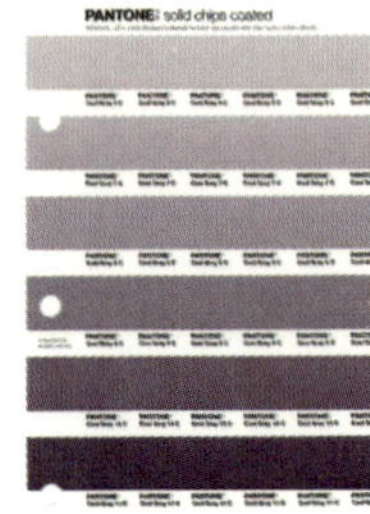

PANTONE Cool gray 6 C – Cool gray 11 C

03

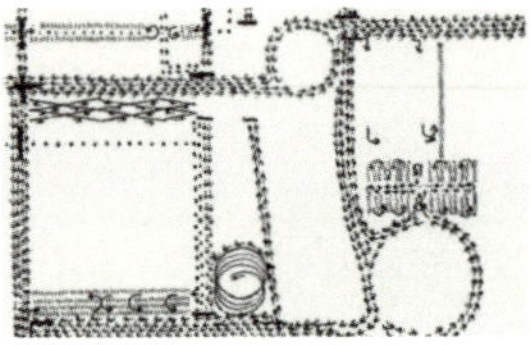

Diagramas de movimiento, estudio de planificación de Filadelfia / Movement diagrams, Philadelphia planning study. Louis I. Kahn.

The design had to allow the possibility of working horizontally and in teams, with plenty of interaction and opportunities to connect and meet informally, since such moments are often those of greatest creativity and productivity. The agency is not simply a workplace but above all a space for creation and interaction.[03]

We believe that typical free-plan or sectionalized office schemata are obsolete, so it was necessary to propose a new strategy.[04]

We therefore proposed a fluid, continuous space,[05] into which three volumes containing the fundamental programs are strategically inserted. These volumes generate the different spaces and the interrelations between the different parts of the program, the work areas, and the users themselves. While maintaining continuity, they allow for free visibility, appearing and disappearing as vantage points change and creating a series of different atmospheres.[06]

01

PANTONE 106 C – 112 C

04

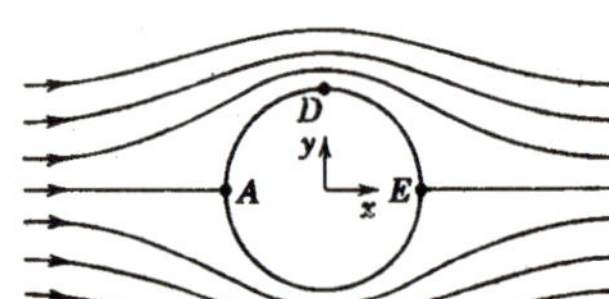

Dibujo cualitativo de flujo sobre un cilindro (mecánica de fluidos) / Qualitative flow chart over cylinder (fluid mechanics).

The collective work spaces alternate with more private work spaces and intermediate rest areas. The three volumes, of gold- or amber-colored glass,[07] enclose three fundamental spaces: a space for creation and interaction, a set of individual workspaces, and a cafeteria. These volumes parcel out the main space and generate different programmatic possibilities.[08]

Combined with them are freely-designed common areas with different atmospheres[09]: a library, in the form of a play area with swings,[10] two round informal worktables, which can serve as a lunchroom area, and an urban cafeteria, for either getting together or working in a more casual way. These unconventional spaces generate a certain strangeness that is typical of the city.[11]

The entrance is by way of a yellow tunnel, which conveys the sensation of entering into a unique, unconventional place. Behind a transparent section at the far end of the office, like a sort of aquarium, are the meeting rooms, a common area, and individual offices.

More than just offices, we have sought to create a workshop, a laboratory, a living room, a plaza, a cafeteria, and even a bar, a series of spaces for work and creation.[12]

Sin título / Untitled. Litografía a color / Color lithograph. Alexander Calder, 1965. Los Angeles County Museum of Art. Donado por / Gift of Mr. and Mrs. Felix Juda.

06

05

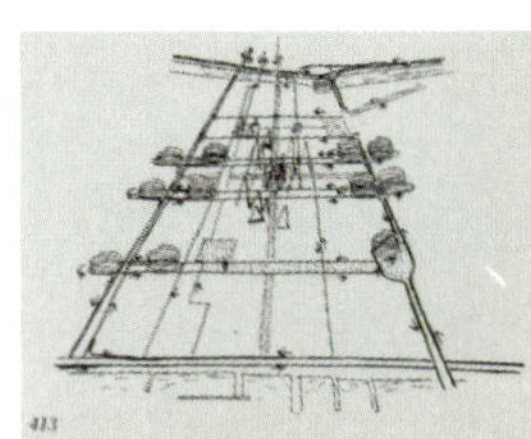

Plan para el centro de la ciudad de Filadelfia / Plan for downtown Philadelphia. Louis I. Kahn.

08

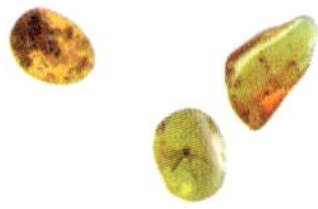

07

Ámbar / Amber.

El encargo es la creación de las oficinas para una agencia de publicidad en el subsuelo de un edificio en la ciudad de Santiago. La principal premisa es construir un lugar en el cual se trabaje de manera creativa y colaborativa y que sea un reflejo o manifiesto físico del espíritu de la agencia.[01–02]

El proyecto debe permitir un trabajo horizontal y en equipo, donde se produzca una gran interacción entre los creativos y en el que tenga cabida la informalidad para reunirse, crear y conectarse, entendiendo que estas instancias son los momentos de mayor creatividad y productividad. El proyecto no sólo será un lugar de trabajo, sino que, sobre todo, será un espacio de creación e interacción.[03]

10

Swings. Philippe Malouin, para / for Caesarstone en el / at the Interior Design Show Toronto, 2015.

Creemos que los típicos esquemas de oficinas de planta libre o planta sectorizada se encuentran obsoletos, por lo que es necesario proponer una nueva estrategia.[04]

En ese sentido, proponemos un espacio fluido y continuo,[05] en el cual hemos decidido insertar estratégicamente tres volúmenes que contienen tres programas fundamentales. Estos volúmenes crean los diferentes espacios y las relaciones entre las diversas partes del proyecto, las áreas de trabajo y sus usuarios. Su introducción permite generar continuidad, pero sin una visibilidad total, de manera que van apareciendo y desaparenciendo los diferentes lugares, construyendo una serie atmósferas.[06]

Los espacios de trabajo colectivo se alternan con espacios de trabajo más privados y estares intermedios. Los tres volúmenes, a modo de cristales dorados o de ámbar,[07] contienen tres lugares fundamentales: un espacio de creación e interacción, oficinas de trabajo individual y una cafetería, que serán los encargados de medir el espacio y generar diferentes instancias.[08]

A este orden se suman libremente estares con diferentes atmósferas,[09] alternándose una biblioteca, a manera de una plaza de juegos con columpios,[10] dos mesas redondas de trabajo informal, a modo de un comedor, y una cafetería urbana, que permite la reunión y el trabajo casual deseado. Estos lugares poco convencionales generan un cierto extrañamiento propio de la ciudad.[11]

El acceso se produce por un túnel amarillo, que provoca la sensación de entrar a un lugar único y poco convencional. Una barra transparente, ubicada en el fondo, a modo de una pecera, contiene las salas de reunión, un estar y las oficinas de trabajo individual.

En lugar de sólo crear oficinas, se ha propuesto un taller, un laboratorio, un estar, una plaza, una cafetería o incluso un bar, una serie de instancias de trabajo y creación.[12]

11

Bryant Park, Nueva York / New York.

12

Jugadores de ajedrez / Chess players, Bryant Park, Nueva York / New York.

09

Modelo de mobiliario de parque infantil para / Model of playground furniture for Ala Moana Beach Park, Hawaii, 1940.
Sin realizar / Not constructed. Isamu Noguchi.

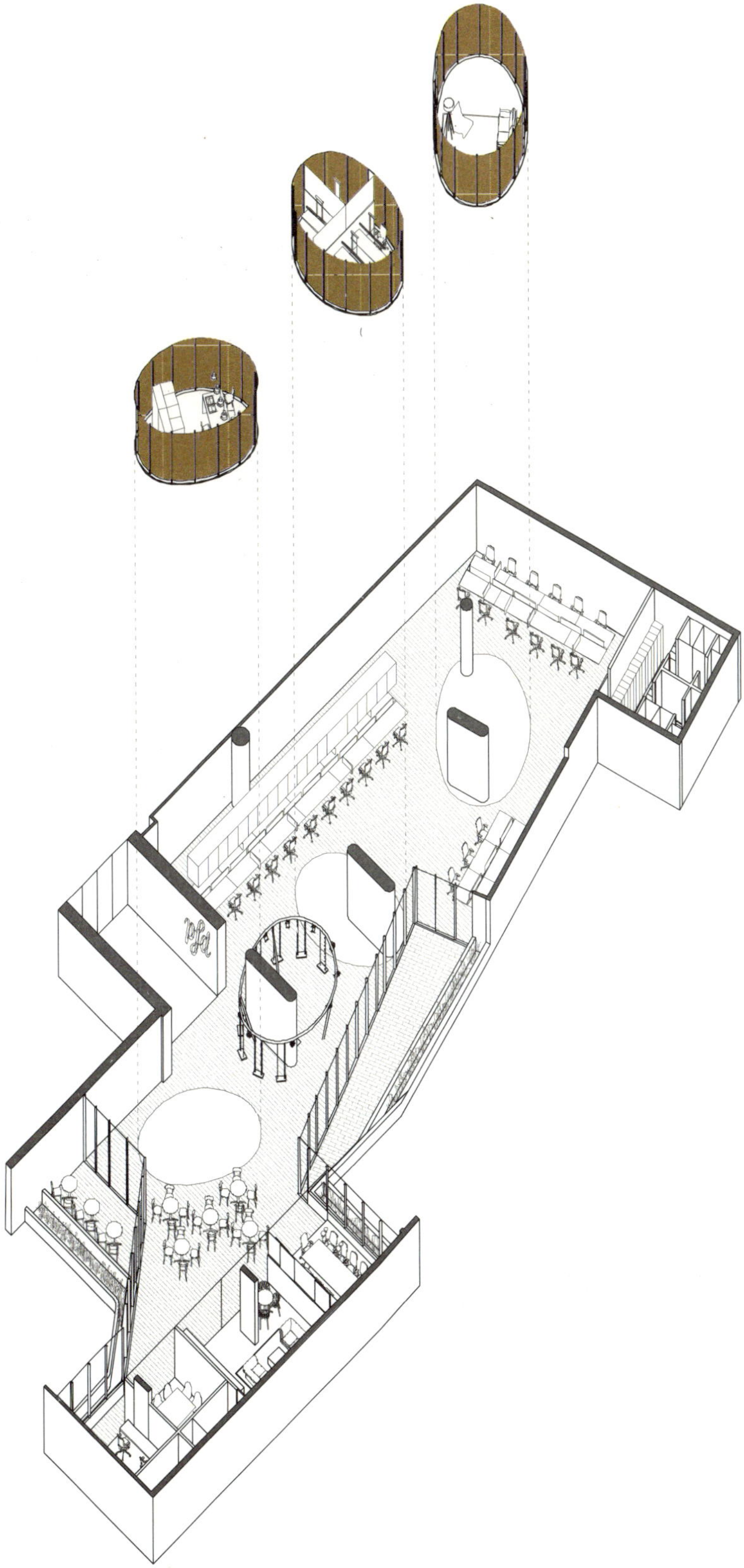

Axonométrico explotado / Axonometric projection

pjd

Edificios de servicios
Aceros Chile
Aceros Chile
Service Buildings

Construido
Built

1,016 m²
2017

01

02

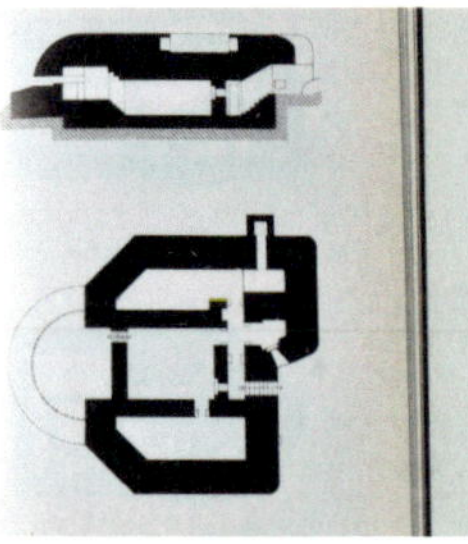

Puesto de observación con aislamiento (corte) / Observation post with insulation (section).
Puesto de observación con aislamiento (planta) / Observation post with insulation (plan).

The commission was for the design of a corporate building with a varied program of offices, meeting rooms, a lunch area, restrooms, and dressing rooms. The site is located in a semi-rural area with other industrial infrastructure, alongside the highway leading into Santiago from the south.

It seemed to us that the typical solution for a corporate building, with a combination of different programs in a single volume, is obsolete.

As an archetype, we looked to the defensive military constructions of the Atlantic Wall, built during the Second World War: a series of fortifications, monoliths, pillboxes, and bunkers set up all along the coast.

The bunker, in terms of typology, is a massive monolithic form, of a single material, placed in a territory in order to defend it.[01–03] The bunker functions with concentric strategies that allow it to dominate the horizon.[04–06] The bunker generates a precise horizontal relation with its context, embracing it entirely by means of minimal apertures.[07–09] The bunker is the construction of a protected interior designed to maintain users in safety.[10–11]

06

Torre de observación en una isla de la Mancha (detalle) / Observation tower on Channel island (detail).

We were interested in translating and decontextualizing, within a peaceful context, a series of values or strategies drawn from bunker design, to be used in a new construction.

We have proposed four cylindrical, single-material volumes, each of which fulfills a specific purpose: restrooms and dressing rooms, kitchen and lunch area, offices, and meeting rooms. Each volume functions and was constructed independently.

Each volume has the same configuration, closed and protected as far as possible against the exterior, and turning towards a measured interior.

03

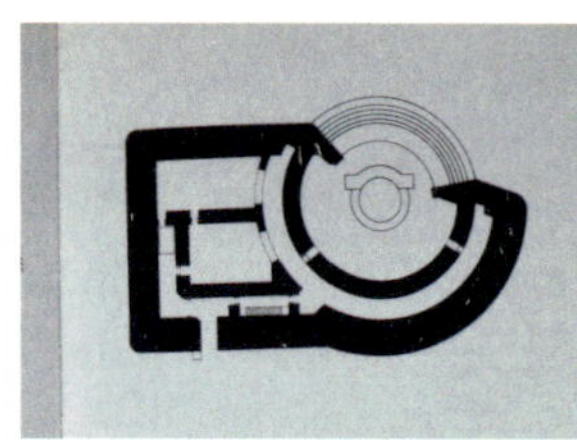

Búnker de artillería de largo alcance dedicado a Fritz Todt / Long-range artillery bunker dedicated to Fritz Todt.

Each volume is composed of a main central patio and four lesser patios. All of the spaces look onto these patios, which generate more appealing atmospheres than those offered by the exterior surroundings.

The relation of the volumes with the exterior is configured by means of two strategies. In two of the buildings there is a 40-centimeter-wide strip surrounding the entire volume that acts as a sort of spyhole, while in the other two there are four hatchway-like openings by the smaller patios that allow views of the exterior.

The four volumes are robust constructions, more evocative of industrial infrastructure than of office buildings. They find themselves in a hostile context, alongside a highway: like the bunkers on the Atlantic coastline, they look like ruins scattered across the landscape.

El "frente Todt" y sus variantes / The "Todt front" and its variations

04

Serie de troneras / Series of embrasures.

05

07

Torre de control de fuego en Landas / Control tower in Landes.

El encargo es el diseño de un edificio corporativo para acoger una serie de programas como oficinas, salas de reuniones, comedor, baños y camarines. El contexto es un terreno ubicado en un sector rural -industrial, contiguo a la autopista de acceso sur de Santiago.

Nos parece que emplear el típico esquema de edificio corporativo, que es una sumatoria de programas diferentes en un mismo volumen, es obsoleto.

08

Puesto de observación al descubierto por la erosión de las dunas / Observation post uncovered by the erosion of the dunes.

Como arquetipo, se emplean las construcciones militares defensivas de la Muralla del Atlántico, construidas durante la Segunda Guerra Mundial: una serie de fortalezas, blocaos, monolitos y búnkeres apostados a lo largo de toda la costa.

El búnker, como tipología, es una forma monolítica, monomaterial y masiva, que se asienta sobre un territorio para defenderlo.[01–03] El búnker trabaja con estrategias concéntricas que permiten dominar el horizonte.[04–06] El búnker construye relaciones puntuales y horizontales con el contexto, para abarcarlo por completo con mínimas aperturas.[07–09] El búnker es la construcción de un interior protegido para reguardar a sus usuarios.[10–11]

09

Puesto de observación en una isla de la Mancha / Observation post on Channel island.

En un contexto de paz, nos ha interesado trasladar y descontextualizar una serie de valores o estrategias de diseño de los búnkeres en una nueva construcción.

Se proponen cuatro volúmenes cilíndricos y monomateriales, que respondan a un uso específico: baños y camarines, comedor y cocina, oficinas y espacios de reunión, permitiendo que cada uno pueda funcionar y construirse de manera independiente.

Cada volumen tiene la misma configuración, cerrándose o protegiéndose lo más posible hacia el exterior y volcándose hacia un interior medido.

11

El búnker Watten: sitio de lanzamiento del v2. La primera de las grandes obras destinadas a albergar armas estratosféricas / The Watten bunker: launch site of the V-2 rocket. The first major infrastructure designed to house long-range ballistic missiles.

La configuración de cada uno está compuesta por un patio central y cuatro patios menores, a los que miran todos los recintos y que son capaces de construir una atmósfera más propicia que las vistas que ofrece el entorno.

La relación con el exterior se construye mediante dos estrategias. En dos de los edificios será un rasgo o mirilla de 40 cm de altura que rodea todo el volumen, mientras que en los otros dos serán cuatro escotillas frente a los patios menores, que permiten mirar a través de ellos.

Estos volúmenes son construcciones robustas, más relacionados con las infraestructuras que con edificios de oficina. Se encuentran en contexto hostil, junto a una autopista, donde podrían ser, al igual que los búnkeres de la costa atlántica, ruinas existentes en el lugar.

10

El "frente Todt": el volumen *sólido sobresaliente complementa* las estructuras verticales de la tronera / The "Todt front": the solid projecting volume complements the vertical structures of the embrasure.

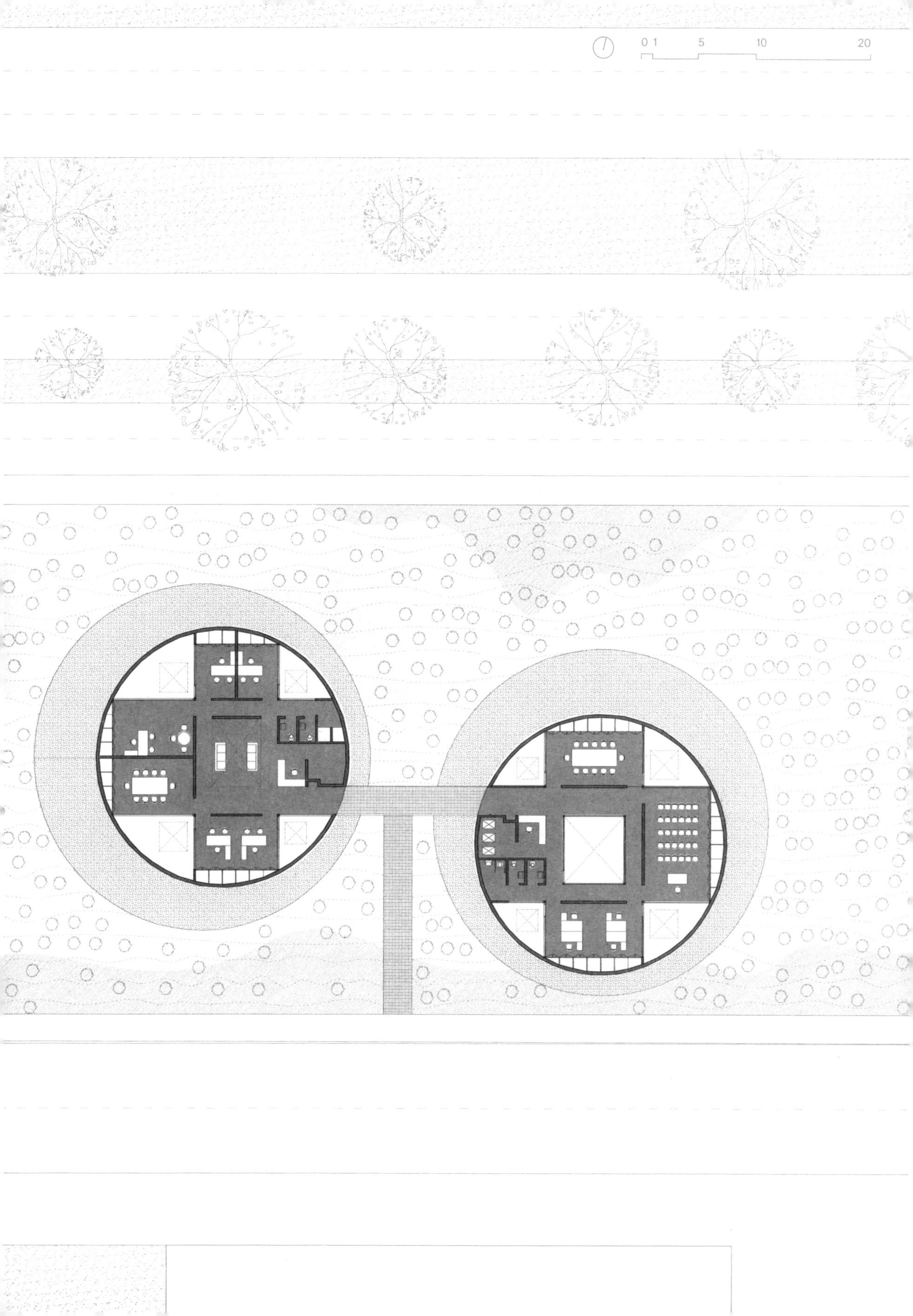
0 1
5
10
20

Proceso de obra / Work in progress

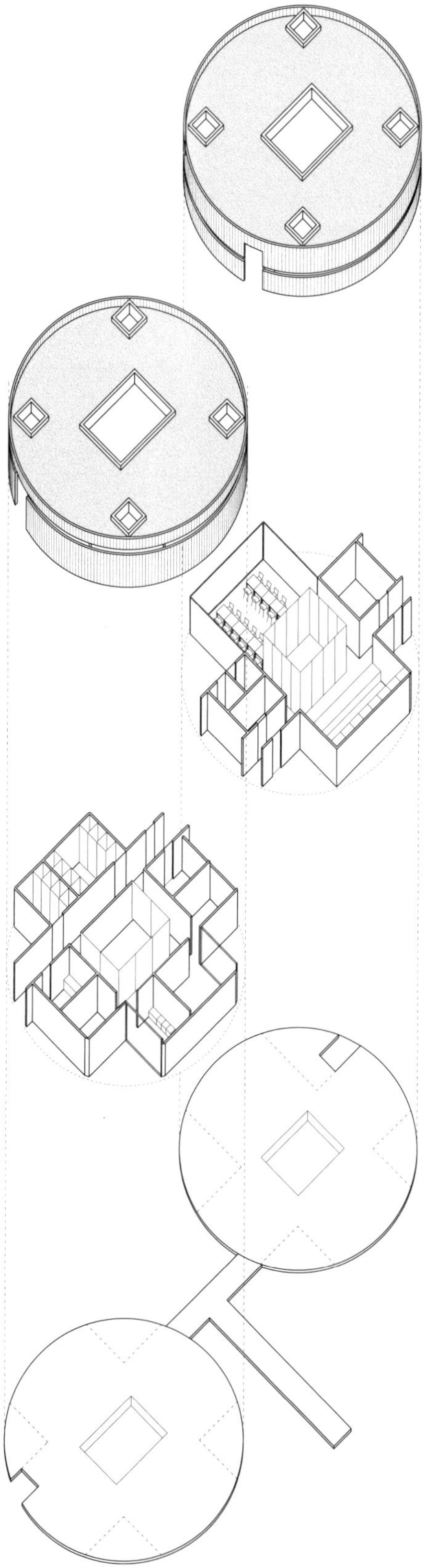

Axonométrico explotado / Axonometric projection

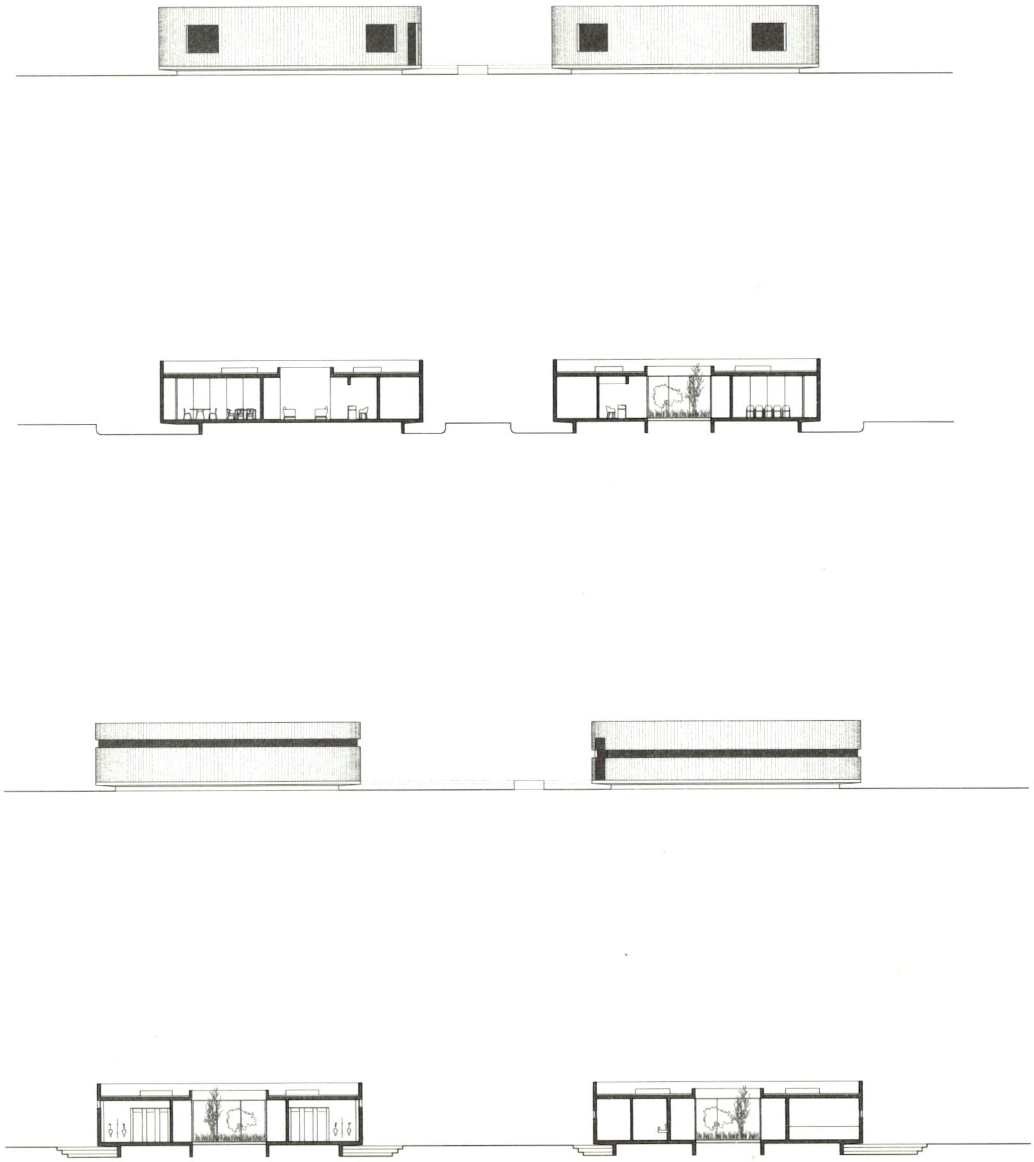

Elevaciones y secciones / Elevations and sections

PARE
NO
PASAR

Colegio Alianza Francesa
Jean Mermoz
Jean Mermoz School

Construido
Built

2,360 m²
2012

01

Tuffsen (escultura) / (sculpture). Egon Moller Nielsen, 1949.

The project consists of the renovation of a school and the construction of new programs to modernize the infrastructure and put a new face on the institution. The existing school is a group of pavilions with pitched roofs whose most outstanding features are the interconnecting patios, the high ceilings, and the size of the overhanging eaves.

05

Estudio para / Study for *Homage to the Square*. Josef Albers, 1965.

The proposal consists of actions on three scales, based on different elements and operations.

The first scale seeks to reorder the school around the four existing patios, giving them projection as four fundamental yet different moments of the design.They are to be four places with different atmospheres, in accordance with those using them and the activities that take place in them.[01] Thus, we have proposed a playground area in the preschool section, a game court for the first cycle, a conversation area for the second cycle, and an open plaza for the third cycle.

The second scale has to do with the pavilions as such, where we have sought to put a wrapping on the existing structure while bringing out its original volumetric character.[02] We worked on the basis of two elements: a new continuous wrapping[03–04] of perforated metal sheets in grey and black tones[05–06] and the insertion of skylights into the roofs,[07] which provide the rooms with light, ventilation, atmosphere, and a new sense of spaciousness, while at the same time stamping the school with a recognizable new look.

04

Proyecto de un edificio público envuelto / Project for a Wrapped Public Building. Christo, 1961. Propiedad del artista / Property of the artist.

The third scale involves the elements related to the human body and its proximity: a new system of entry into the classrooms, with colored doors decorated with graphic designs; a latticework system on the windows; and new colored floors, which lend warmth to the interior and serve to distinguish different parts of the internal program.

Since the project needed to be constructed over the summer, when there were no children at the school, we employed a strategy of standardized constructive elements with easy setup systems that produced a whole greater than its constituent parts.

Package. Christo, 1961. Kröller-Müller Museum, Ottlerlo, Netherlands.

03

The new construction consists of a psychomotricity pavilion where the children can take part in games and activities in an interior space. The pavilion is defined by its structure,[08] an easy-to-assemble habitable bridge beam,[09] with special emphasis on the joints of the metallic elements.[10] The interior is configured by a wooden wrapping that generates a novel atmosphere, accompanied along its entire length by seating that offers a new scale to the children.

El proyecto consiste en la remodelación de un colegio existente y en la construcción de nuevos programas con el fin de modernizar la infraestructura y darle una nueva cara a la institución. El colegio existente es un conjunto de pabellones de dos aguas, cuyas principales cualidades son los patios que se generan entre ellos, su altura interior y la generosidad de sus aleros.

07

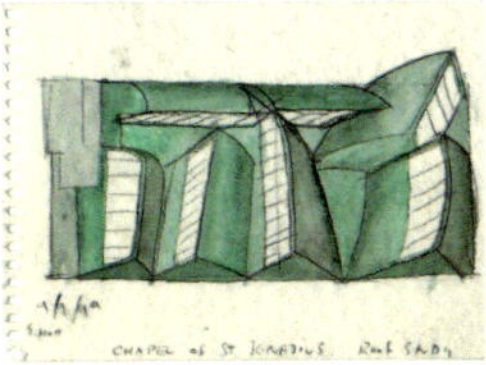

Capilla de San Ignacio / Chapel of St. Ignatius. Steven Holl Architects.

La propuesta tiene tres escalas de acción en base a diferentes elementos y operaciones.

La primera escala busca dar un orden al colegio en función de los cuatro patios existentes, proyectándolos como cuatro momentos fundamentales y diferentes del proyecto.Serán cuatro lugares con distintas atmósferas, acorde a sus usuarios y las actividades que ellos realizan.[01] Así, se han propuesto juegos para los niños en el ciclo preescolar, una cancha de deportes para el primer ciclo, espacios de conversación para el segundo ciclo y una plaza abierta para el tercer ciclo.

06

Estudio para / Study for *Homage to the Square.* Josef Albers, 1965.

09

Segunda trocha del ferrocarril frente a molino La Estrella / Branch line near La Estrella mill, Santa Fe, Argentina.

La segunda tiene relación con los pabellones propiamente tales, donde la operación que rige el desarrollo es la de envolver lo existente, poniendo en valor la volumetría original.[02] Se trabaja en base a dos elementos: una nueva envolvente continua,[03–04]realizada con placas de metal perforado en tonos grises y negros,[05–06] y la inserción de lucarnas en las cubiertas,[07] que dotan a las salas de una nueva espacialidad, atmósfera, luz y ventilación, generando la nueva volumetría reconocible del colegio.

La tercera son los elementos que están en relación al cuerpo humano y su proximidad: un nuevo sistema de acceso a las clases, con puertas de colores y gráficas; un sistema de celosías delante de las ventanas, que permiten generar privacidad en las salas sin perder vistas ni luminosidad, y unos nuevos suelos de colores, que dan calidez y diferenciación en el interior.

08

Puente colgante en construcción / Suspension bridge under construction, Chaudière Falls.

Por ser un proyecto que se construye en periodos de verano, cuando no hay niños, se estableció como estrategia constructiva el empleo de elementos estandarizados que, mediante sistemas de montaje, construyen un total mayor.

10

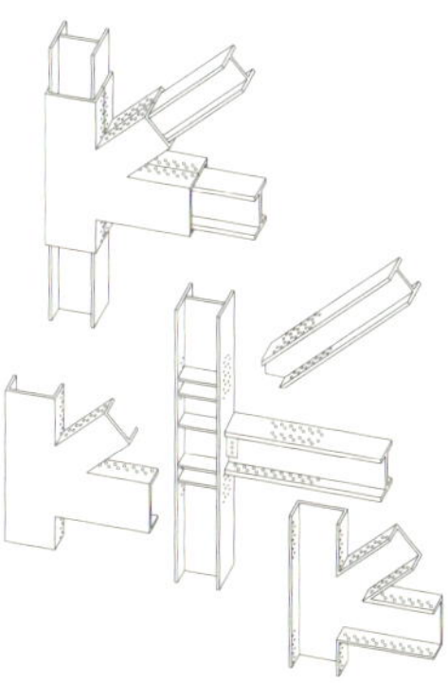

Collage de uniones en metal / Collage of metal joints. Dibujo de / Drawing by Guillermo Hevia Garcia.

La nueva construcción es un pabellón de psicomotricidad, para que los niños realicen actividades y juegos en un espacio interior. El pabellón se define por su estructura,[08] una viga puente habitable de rápido montaje,[09] en donde se ha puesto especial énfasis en las uniones de los elementos metálicos.[10] Su interior se configura mediante una envolvente de madera, que genera una atmósfera inédita y que se acompaña, en toda su extensión, por un asiento que produce una nueva escala para los niños.

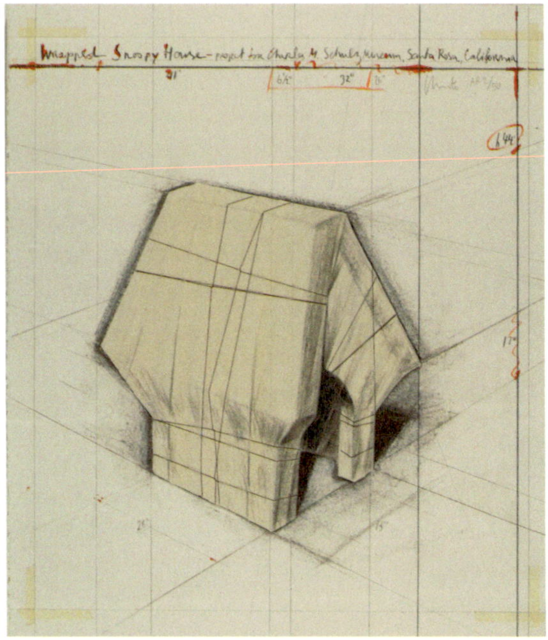

02

Wrapped Snoopy House. Christo. Proyecto para el / Project for the Charles M. Schulz Museum, 2004.

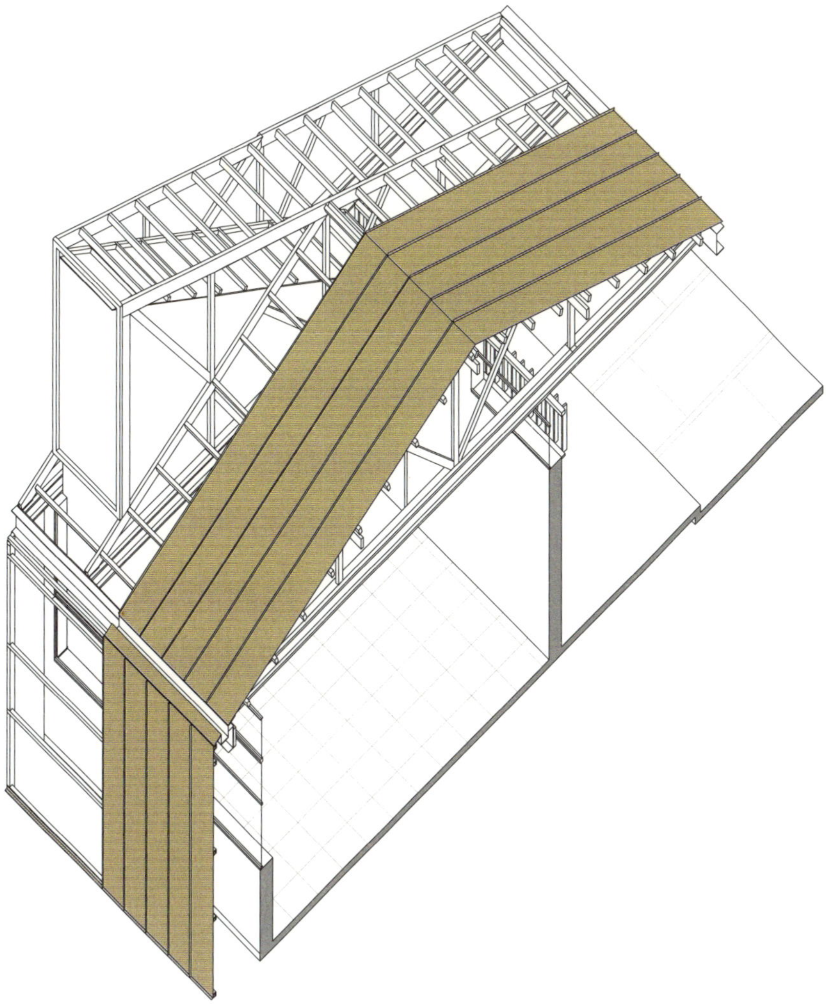

Detalle axonométrico / Axonometric detail

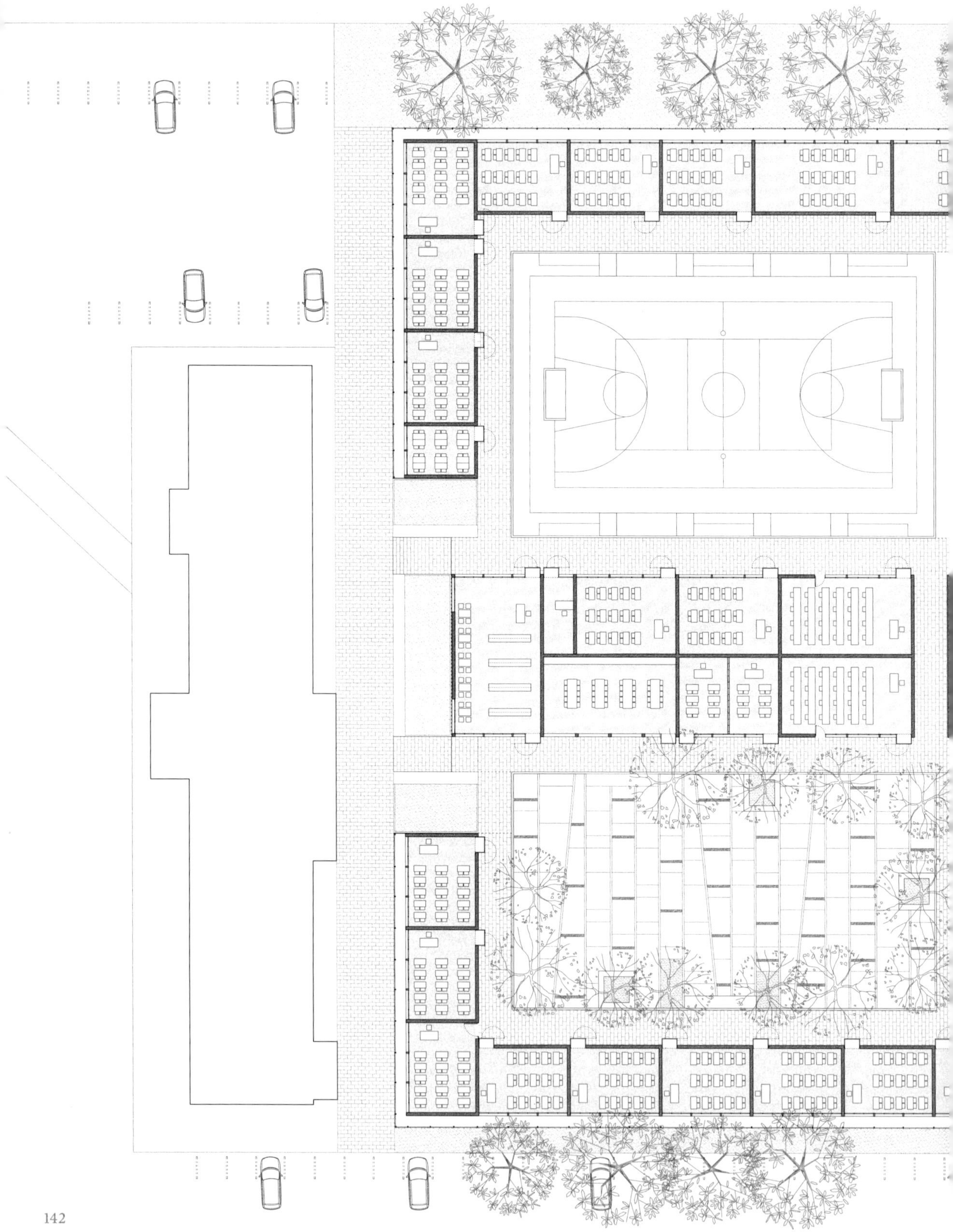

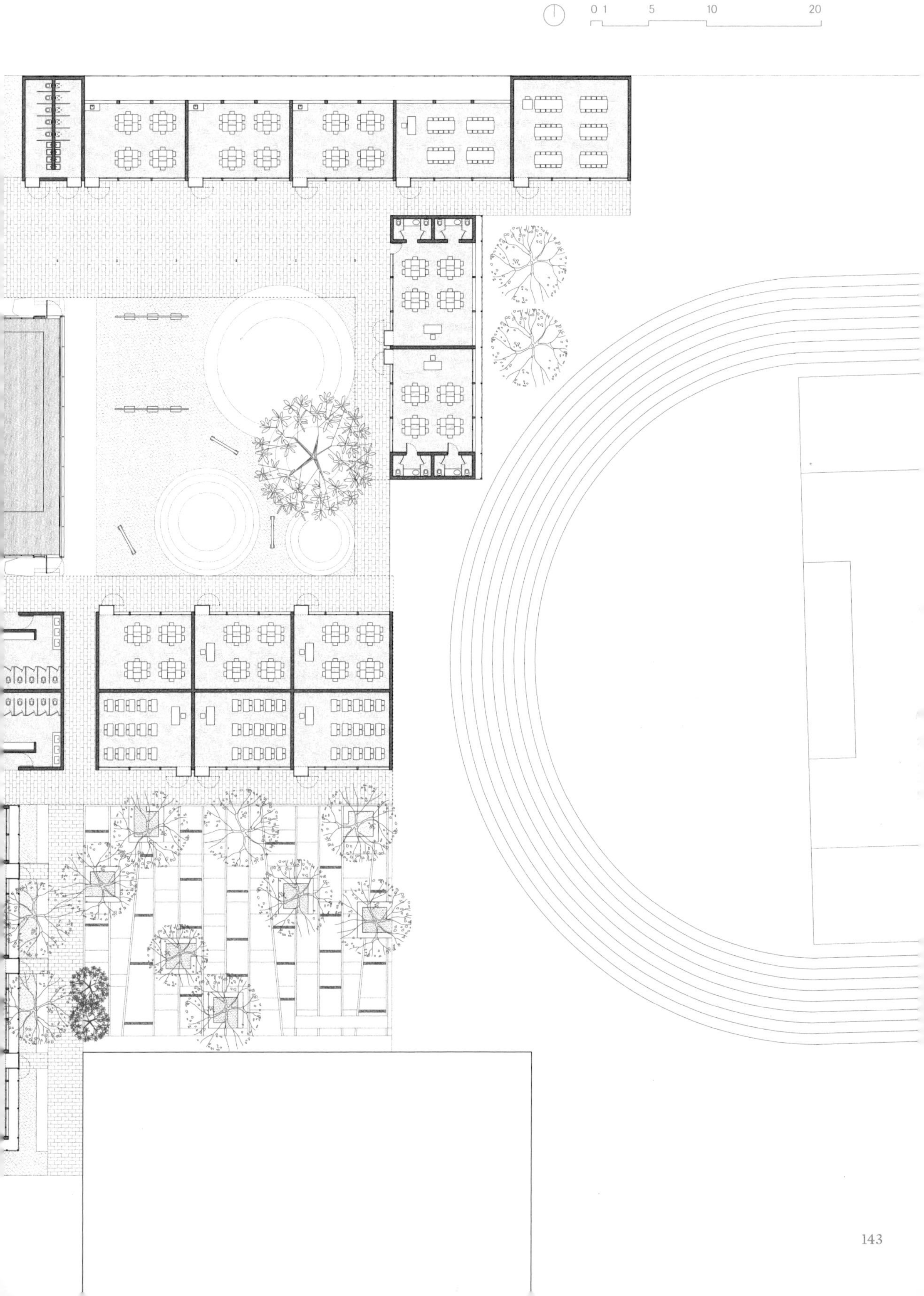
0 1
5
10
20

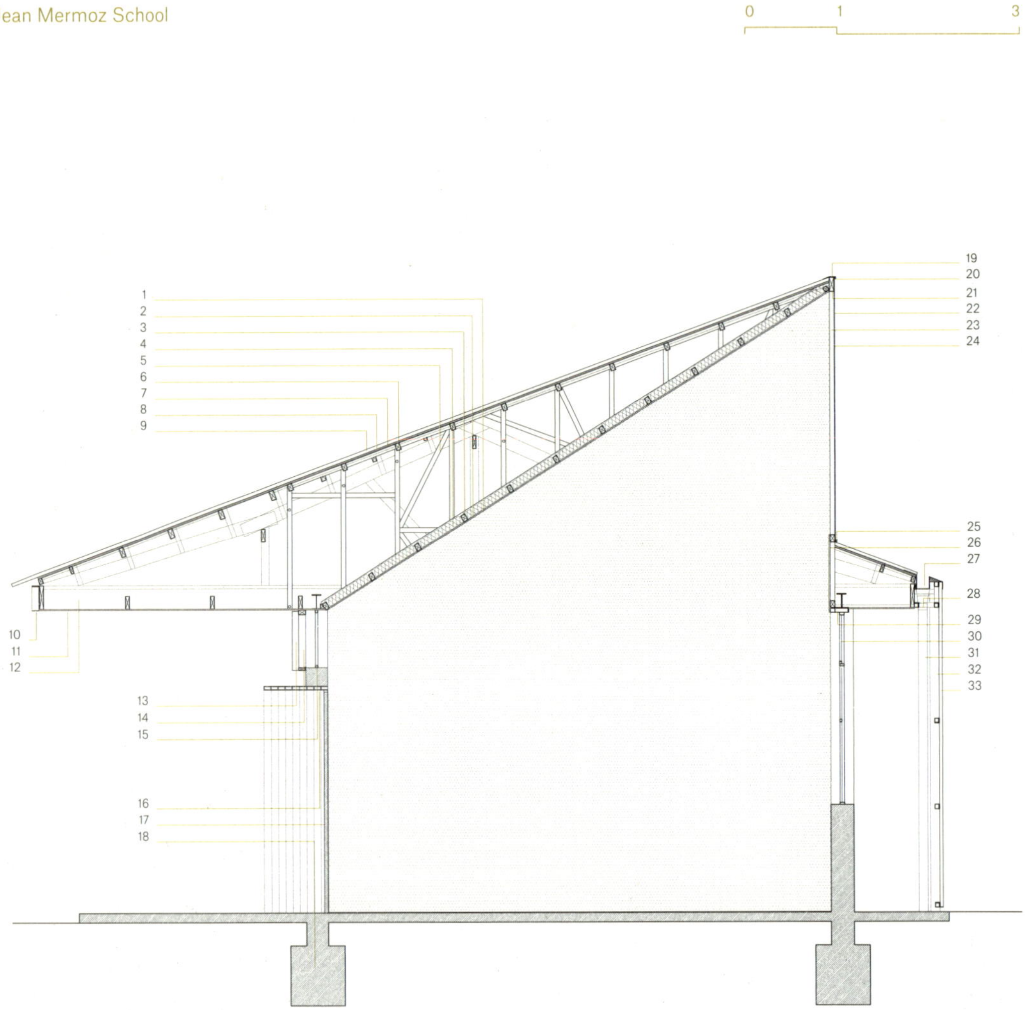

1 12.5mm plaster cardboard panel. Painted white 2 12mm OSB 3 Wooden ceiling anchor. 1" × 4" treated pinewood 4 100mm mineral wool 5 Truss structure. 2" × 3" treated pinewood 6 Channel bar. 2" × 3" treated pinewood 7 12mm OSB 8 Felt paper 9 0.5mm CD 500SL panel 10 260 × 80 × 3mm extruded steel beam with C clamp 11 ½" × 2" brushed pinewood ceiling strip 12 Existing metallic truss beam. 150 × 100 × 5mm 13 1" × 3" pinewood lattice 14 Existing metallic truss beam. 250 × 100 × 5mm 15 Existing window 16 Tubular door frame. 80 × 40mm steel brace 17 Existing door 18 Existing foundation 19 Tapacán steel siding. 500 panel 20 10mm iron bar 21 Skylight frame. 2" × 6" brushed pinewood stripping 22 Aluminum window 23 Skylight frame. 2" × 3" brushed pinewood stripping 24 10mm steel bar + metallic angle clamp 25 Skylight frame. 6" × 2" brushed pinewood stripping 26 12.5mm plaster cardboard panel. Painted white 27 Rainwater channel. 0.6mm steel brace 28 50 × 50 × 1mm steel brace 29 Window frame. 150 × 150 × 1mm tubular iron brace 30 Existing window 31 100mm tube for vertical water descent 32 Structural brace for panel support 33 0.5mm perforated CD 500SL panel

1 Panel yeso cartón 12.5mm pintura blanca 2 Placa OSB 12mm 3 Anclaje cielo madera de pino 1" × 4" impregnado 4 Lana mineral 100mm 5 Estructura cercha pino 2" × 3" impregnado 6 Costanera pino 2" × 3" impregnado 7 Placa OSB 12mm 8 Papel fieltro 9 Panel CD 500 SL 0.5mm 10 Viga remate de acero C extruída 260 × 80 × 3mm 11 Encintado cielo pino ½" × 2" cepillado 12 Viga metálica cercha existente. 150 × 100 × 5mm 13 Celosía pino 1" × 3" 14 Viga metálica cercha existente. 250 × 150 × 5mm 15 Ventana existente 16 Marco puerta perfil tubular de acero 80 × 40mm 17 Puerta existente 18 Cimentación existente 19 Forro de acero panel 500 Tapacán 20 Barra de acero 10mm 21 Marco lucarna listón pino 2" × 6" cepillado 22 Ventana de aluminio 23 Marco lucarna listón pino 2" × 3" cepillado 24 Barra de acero 10mm + angulo metálico remate 25 Marco lucarna listón pino 6" × 2" cepillado 26 Panel yeso cartón 12.5mm pintura blanca 27 Canaleta aguas lluvias. Perfil de acero 0.6mm 28 Perfil de acero 50 × 50 × 1mm 29 Marco ventana perfil tubular de acero 150 × 50 × 1mm 30 Ventana existente 31 Tubo 100mm descenso aguas vertical 32 Perfil estructural soporte de panel 33 Panel CD 500SL 0.5mm perforado

4
m A
4
m B

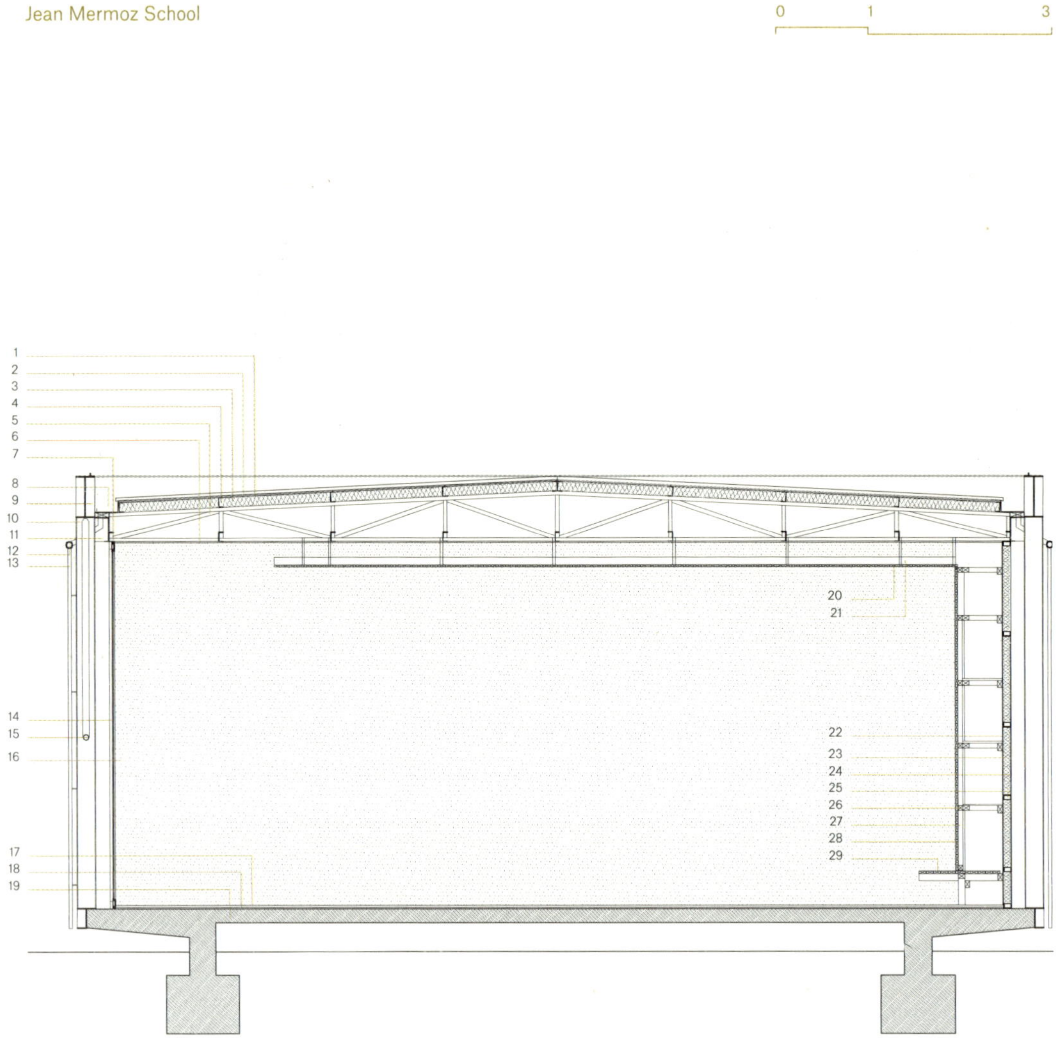

1 Black zinc roof plate 50 cm 2 18mm OSB 3 100mm mineral wool 4 100 x 50 x 3mm steel channel bar brace 5 40 x 40 x 3mm steel truss brace 6 12mm plaster cardboard panel. Painted white 7 100 x 50 x 3mm steel channel bar brace 8 Rainwater channel. 0.6mm steel brace 9 100 x 50 x 3mm IPE beam with steel clamp. Painted black 10 200 x 100 x 8mm IPE pillar. Painted black 11 50 x 250 x 5mm Tapacán beam with C-brace 12 75mm tubular steel brace. Black. e: 2mm 13 40mm tubular steel brace. Black. e: 2mm 14 Laminated glass 15 70mm tubular steel diagonal brace. e: 5mm. Painted black 16 Luxanlex Droppy black awning at 10% 17 150mm reinforced concrete slab 18 Soil filler 19 1" x 3" brushed tongue-and-groove pinewood flooring 20 1" x 3" brushed and treated pinewood ceiling panels 21 2" x 3" brushed pinewood ceiling structure 22 12mm plaster cardboard panel. Painted white 23 80mm mineral wool 24 12mm plaster cardboard panel. Painted white 25 80 x 40 x 2mm steel brace 26 Furniture structure. 2" x 2" pinewood 27 Furnishing. 20mm particle board 28 Furniture siding. 3" x 1" pinewood 29 Rack. 3" x 1" pinewood

1 Cubierta de chapa de zinc negro 50cm 2 Placa OSB 18mm 3 Lana mineral 100mm 4 Perfil costanera de acero 100 × 50 × 3mm 5 Perfil cercha de acero 40 × 40 × 3mm 6 Panel yeso carton 12mm pintura blanca 7 Perfil costanera de acero 100 × 50 × 3mm 8 Canaleta aguas lluvias perfil de acero 0.6mm 9 Viga IPE remate de acero 430 × 200 × 8mm pintura negra 10 Pilar IPE 200 × 100 × 8mm pintura negra 11 Viga tapacán perfil C de acero 50 × 250 × 5mm 12 Perfil tubular de acero 75mm e: 2mm pintura negra 13 Perfil tubular de acero 40mm e: 2mm pintura negra 14 Vidrio laminado 15 Diagonal perfil tubular de acero 70mm. e: 5mm pintura negra 16 Luxablex droppy negra toldo a 10% 17 Losa de concreto armado 150mm 18 Relleno tierra 19 Entablado piso pino 1" × 3" cepillado machiembrado 20 Entablado cielo pino 1" × 3" cepillado impregnado 21 Estructura cielo pino 2" × 3" cepillado 22 Panel yeso cartón 12mm 23 Lana mineral 80mm 24 Panel yeso cartón 12mm 25 Perfil de acero 80 × 40 × 2mm 26 Estructura mueble Pino 2" × 2" 27 Mueble aglomerado 20mm 28 Revestimiento mueble pino 3" × 1" 29 Banca mueble pino 3" × 1"

La grilla y el archipiélago
The Grid and
the Archipelago

Proyecto
Design

5,400 m^2
2016

01

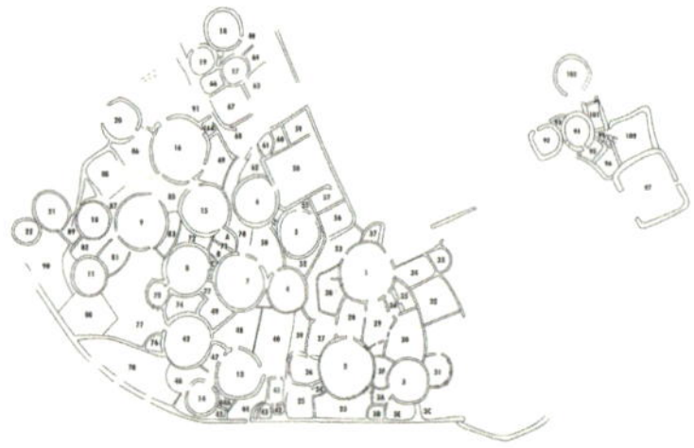

Dibujo de planta de la aldea Tulor / Plan of the village of Tulor, Chile.

1. We do not wish to propose a finished solution, since specific aims limit the design to certain conditions that render it unadaptable. What we propose is an open system that can grow and form into different kinds of groups, adapting to a range of situations, contexts, sites, orientations, and scales.

The design proposes a rule or mode of operating, a system of order and structure, just as Tulor's pre-Columbian complex,[01] the Roman city,[02] or the Spanish-American colonial city[03] suggest different ways of confronting and relating to the territory.

2. The project as a whole is structured in function of solids (buildings) and voids (plazas) in equal proportions, ensuring that half of the space will always be empty,[04] with fixed measures and proportions. These proportions ensure open spaces and distances between the 14-x-14-meter buildings: a suitable ratio, such as exists in certain points and neighborhoods of the city. We have opted for freeing up the ground floors, superposing open public spaces with covered public spaces, which will provide the support for the necessary entries, commercial uses, and services. The grid of public spaces is conceived as an archipelago[05] of situations and uses that can be adapted to the community's changing needs.[06] In this way, areas for leisure, play, sports, social interact, and greenery of varying densities will alternate.

02

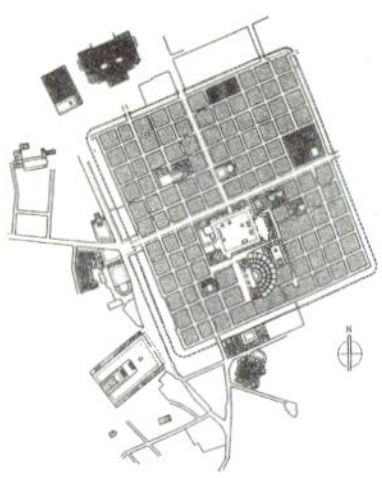

Dibujo de planta de la ciudad de Timgad en / Plan of the city of Timgad in Numidia.

03

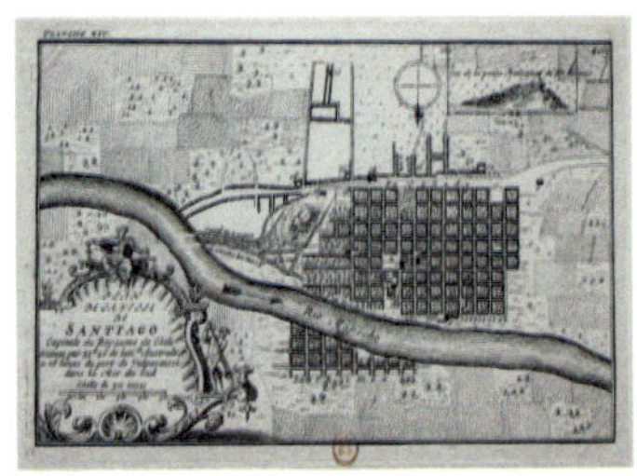

Mapa de la villa de Santiago / Map of the Villa de Santiago. Amedée-François Frezier, 1716. Bibliothèque nationale de France.

3. The building[07] is the configuring element of the complex,[08] through its repetition at corner locations. Each building has four storeys: the ground floor for public use and the three others for residential uses, so stairs are sufficient for vertical circulation.

The buildings will be entirely of steel, conceived as a set of pieces fabricated in one place and then set up in the location chosen for them: a building as a prefabricated kit, similar to what Jean Prouvé used to do.[09]

09

Construcciones Modulares del S.I.R.H., Jean Prouvé,1973.

4. The single unit or apartment[10] is the element that defines the dimensions of both the building[11–12] and the 12-x-12-meter grid. Each floor is composed of two 6-x-12-meter units (60 m^2 of interior space) or four 6-x-6-meter units (35 m^2 of interior space) and of a vertical skylight-type circulation. This makes it possible to accommodate five or six people in the former units and one or two in the latter ones, thereby producing a mix of ages that enriches a community.

05

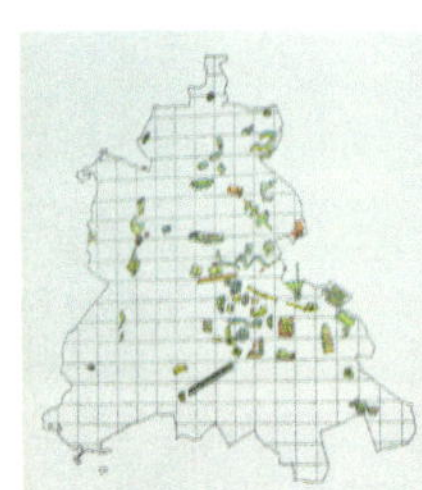

Ciudades dentro de la ciudad / Cities in the city.

As regards interior space, we have opted for a large open common space rather than a series of atomized spaces: an integrated living room, dining room, kitchen, and terrace along one side, and two identical bedrooms on the other, in addition to a bathroom and a smaller multiuse room.

06

Dibujos para *The City in the City* durante la escuela de verano / Drawings for *The City in the City* during summer school. Peter Riemann, 1977.

1. No se quiere proponer una solución terminada, ya que la especificidad limita el proyecto a ciertas condiciones que lo vuelven poco adaptable. Se propone un sistema abierto de agrupación y crecimiento, que pueda adaptarse a diferentes situaciones, contextos, sitios, orientaciones y escalas.

08

Proyecto de concurso para / Competition project for Roosevelt Island, New York. Oswald Mathias Ungers con / with Arthur Ovaska, 1975.

07

Villas encontradas y propuestas / Found and proposed villas. Oswald Mathias Ungers et al. The Urban Villa, Berlin, 1977.

El proyecto propone una regla o modo de operar, un sistema de orden y estructura, de la misma manera en la que el conjunto precolombino de Tulor[01], la ciudad romana[02] o la ciudad colonial americana[03] sugieren una manera de enfrentarse y relacionarse con el territorio.

2. El proyecto, como conjunto, se estructura en función de llenos (edificios) y vacíos (plazas) en igual relación, lo que asegura que la mitad del espacio sea siempre vacío[04], con una proporción y medidas fijas. Éstas aseguran espacios abiertos y distancias entre edificios de 14 × 14 m, una relación adecuada, como las que se encuentran en ciertos barrios y puntos notables de la ciudad. Se opta, además, por liberar el primer piso, superponiendo espacios públicos abiertos con espacios públicos cubiertos, que serán el soporte para accesos, usos comerciales y servicios que generan una vida deseada. La grilla de espacios públicos abiertos se propone como un archipiélago[05] de situaciones y usos que se irán adaptando a las diferentes necesidades de las comunidades[06]. De esta manera, se alternarán zonas de ocio, juegos, espacios deportivos, lugares de reunión comunitarios y diferentes densidades vegetales.

3. El edificio[07] es la pieza que configura el conjunto[08] mediante su repetición a través de las esquinas. Cada edificio tiene cuatro niveles, el primero de uso público y los tres siguientes habitacionales, lo que permite moverse sólo por las escaleras.

Se propone un edificio completamente en acero, pensándolo como un set de piezas que se fabrican en un lugar y se montan en el sitio definitivo: un edificio como un kit prefabricado, similar a lo que hacía Jean Prouvé.[09]

4. La unidad o departamento[10] es la pieza que define las medidas del edificio[11–12] y su grilla de 12 × 12 m. Cada piso se compone de dos unidades de 6 × 12 m (60 m² interiores) o cuatro unidades de 6 × 6 m (35 m² interiores) y por una circulación vertical tipo lucarna. Esto permite tener grupos de 5 a 6 personas para las primeras unidades y de 1 a 2 personas para las segundas, logrando así una mezcla de edades que enriquece una comunidad.

Respecto al espacio interior, se opta por un gran espacio público abierto en lugar de espacios atomizados, un estar, comedor, cocina y terraza integrados hacia un frente, y dos habitaciones similares hacia el otro, a las que se suma un baño y una habitación más pequeña y de uso flexible.

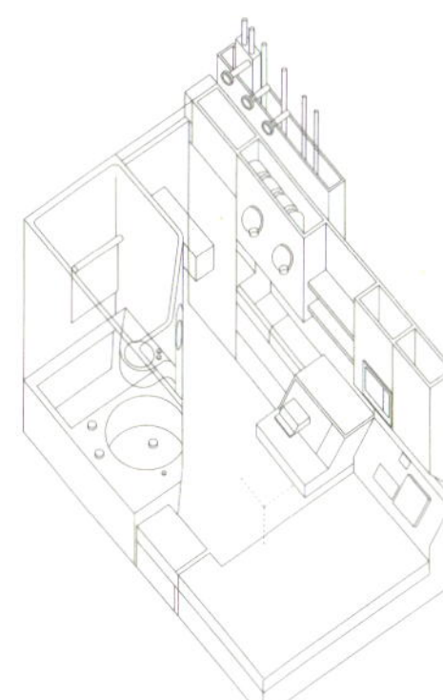

11

Nakagin Capsule Tower (detalle) / (detail). Kisho Kurokawa, 1972. Dibujo de / Drawing by Guillermo Hevia García

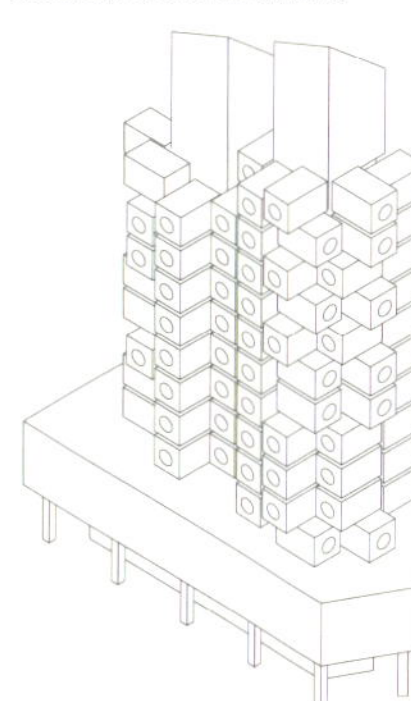

12

Nakagin Capsule Tower (diagrama) / (diagram). Kisho Kurokawa, 1972. Dibujo de / Drawing by Guillermo Hevia García.

10

Unidad de vivienda (modelo estructural) / Housing unit (structural model). Le Corbusier.

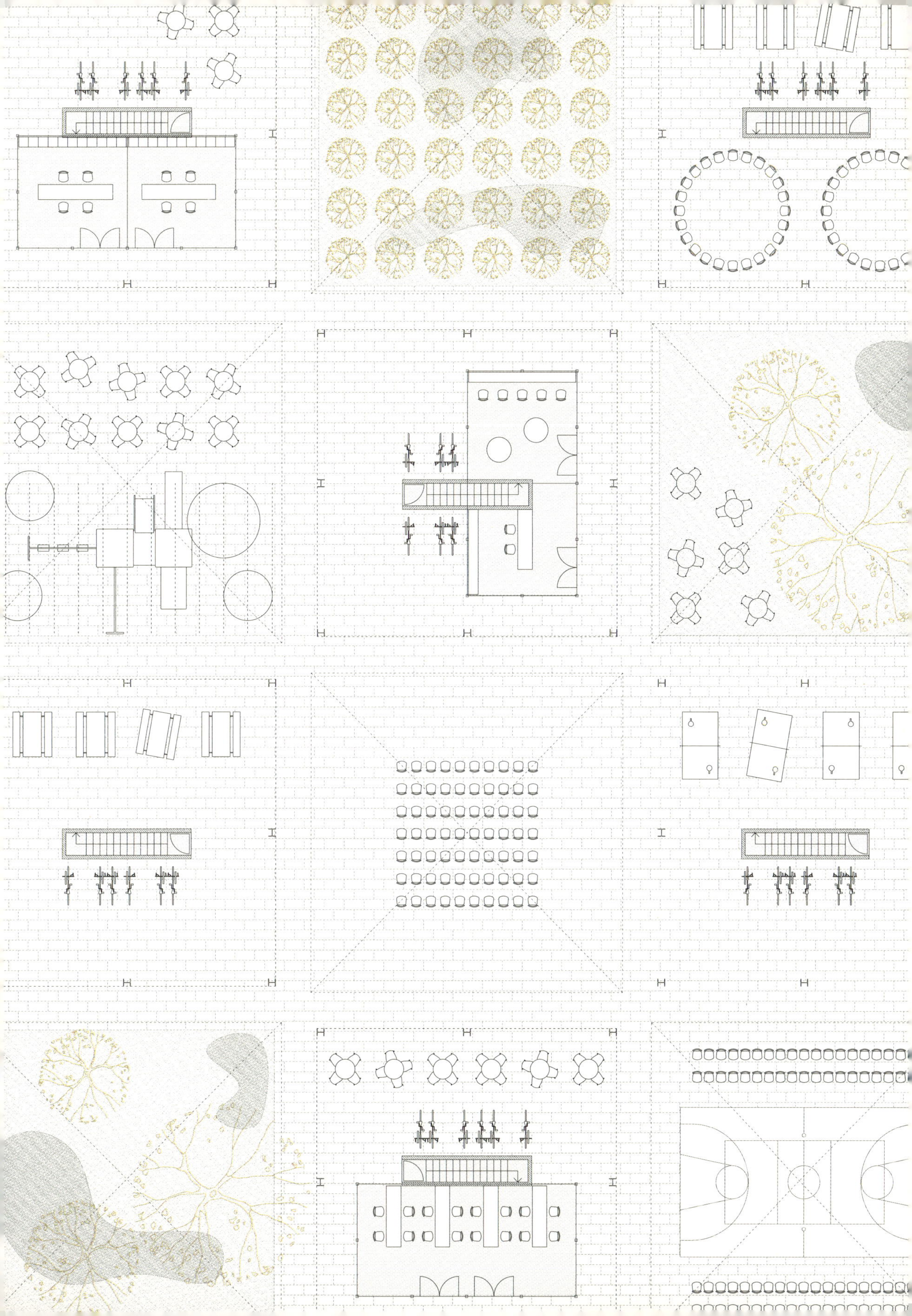

04

Composition with Color Fields. Piet Mondrian, 1917.

Sección tipo / Typical section

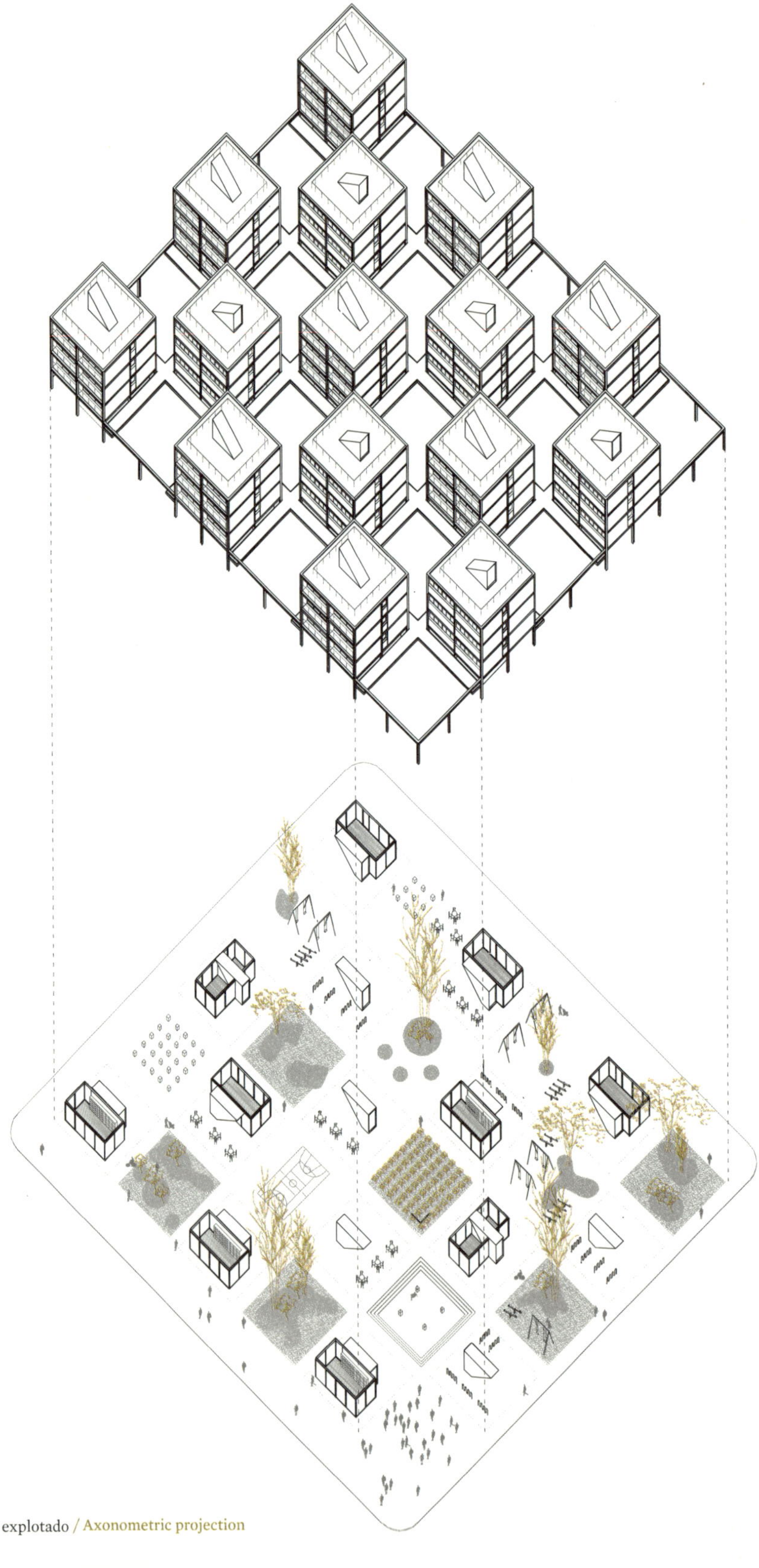

Axonométrico explotado / Axonometric projection

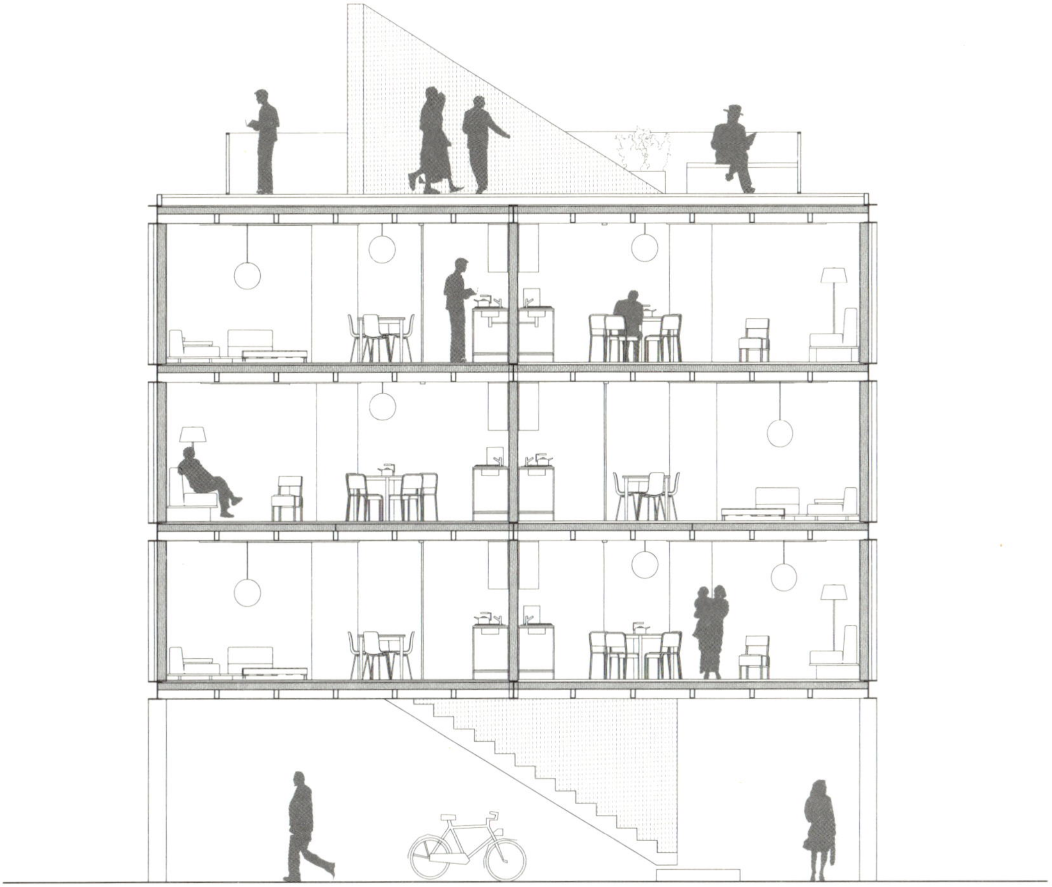

Sección tipo / Typical section

Espacios públicos
y colectivos
para Farellones
Public and Collective
Spaces for Farellones

Proyecto
Design

30 ha.
2016

The Farellones project is conceived as a whole and does not center exclusively on any specific intervention or delimited public space.[01]

02

Casa Piedra / Stone house, Farellones.

The plan, based on dry-stone walls, allows for unobstructed panoramic views. The vegetation, which configures the public spaces, and the flat constructions, which allow residents to make use of the snow, seemed to us values that needed to be given their full potential and development in the design.[02]

04

Refugio La Leonera / La Leonera Shelter. Nicolás del Río & Felipe Camus. Fotografía / Photograph: Felipe Camus.

The project has interventions on three scales, with differing intensities, which can implemented in stages and adapted over time.

The first seeks to resolve the matter of vehicular flows and to consolidate the principal urban aspects of the project.

A bypass will be constructed to allow vehicles heading for other places not to pass through Farellones. Also, four interventions will bring out certain urban values, including the extension of incomplete streets and the paving of unfinished stretches.[03] The walls and stone bases along the streets[04] will be solidified and steps and ramps installed in public spaces.[05] Finally, vehicular and pedestrian circulations will be separated.

03

Pircas de piedra / Stone *pirca* walls.

The second intervention is the construction of a system of programmatic public spaces and walks along the outer limits of the development.

11

Parc Esportiu Llobregat. Alvaro Siza

The topography of Farellones tends to be largely flat, but there is a rocky promontory that falls off at one side.

We propose to bring out the advantages of this place, transforming it into a new public space in the form of a park along the fringes of the community.[06]

The intervention consists of a panoramic walkway along the suture between the constructed zone and the natural surroundings. This area will be enhanced with a program of restaurants, recreational areas, and covered rest spots.[07]

The third intervention is the development of a new civic center with both recreational equipment and services.

A pedestrian boulevard will constitute a space for social interaction, configured by a continuous route and a dry-stone wall,[08] running alongside a public bicycle path, which can serve as both a passenger terminal and a means of ordering the flows of circulation.[09] Both sides of this boulevard will be lined with service infrastructure. At one end, there will be a gymnasium and a swimming pool, two massive covered programs in this zone of extreme weather conditions.[10–11] Finally, the entire system will be closed out with a large terraced public space, enclosed by dry-stone walls, in the manner of the Inca cities.[12]

Casa Piedra / Stone house, Farellones.

05

06

Vedahaugane, Noruega / Norway. L J B, 2010.

07

Mirador / Lookout, Espinazo del diablo, Jalisco. HFF architects, 2009.

El proyecto entiende Farellones como un total y no se centra exclusivamente en una intervención puntual o espacio público acotado.[01]

El plano construido mediante pircas de piedra, que permite asentarse y tener vistas panorámicas; la vegetación, que configura espacios públicos, y las construcciones planas, que ponen la nieve al servicio de los usuarios, nos parecen valores a potenciar y replicar en la propuesta.[02]

El proyecto tiene tres escalas de intervención, con distintas intensidades, implementables en etapas y capaces de adaptarse en el tiempo.

La primera busca solucionar los flujos vehiculares y consolidar los aspectos urbanos notables.

08

Canales en Cusco / Canals in Cuzco.

09

Marquesina militar en / Military marquee in Chur.

Se propone construir un *by pass* que evite que los vehículos que se dirigen a otros lugares deban ingresar a Farellones. Además, se busca realizar cuatro intervenciones que permitan potenciar valores urbanos, como trazar calles incompletas y pavimentar tramos pendientes[03] Se quiere consolidar los muros, las pircas y los zócalos de piedra en torno a calles[04] y proponer las bajadas peatonales y de esquiadores como espacios públicos.[05] Finalmente, se pretende separar el flujo vehicular y peatonal.

La segunda es la construcción de un sistema de recorrido y espacios públicos programáticos de borde.

Farellones está emplazado en una zona que tiende al plano, limitando en sus bordes con un farellón.

Proponemos poner en valor este lugar, transformándolo en un nuevo espacio público de borde, trabajando ese espesor como un parque.[06]

La intervención se estructura mediante un recorrido panorámico, que acompaña la cota y sutura el límite natural con la zona construida. El recorrido se complementa con programas destinados a acoger restaurantes, espacios de ocio y marquesinas como estaciones en el recorrido.[07]

10

Salón de deportes en una escuela primaria en *matchbox* / Matchbox elementary school sports hall, Obrenovac, Serbia. Jovan Mitrović. Fotografía / Photograph: Relja Ivanić.

La tercera es la consolidación de un nuevo centro cívico, recreativo y de servicios

Se plantea construir un *boulevard* peatonal, un espacio social que se configura con un suelo continuo y una pirca,[08] junto al que se encuentra un rodoviario cívico, que permite ser terminal de pasajeros y ordenador de flujos.[09] A ambos lados de este boulevard, se proponen los edificios de servicios. En el remate se construye un gimnasio y una piscina, como dos programas cubiertos y masivos en un clima extremo.[10–11] Finalmente, todo este sistema se remata con un gran espacio público aterrazado, contenido por pircas, a la manera de los incas.[12]

Ruinas de Písac / Ruins in Písac.

12

0 10
50
150

Secciones / Sections

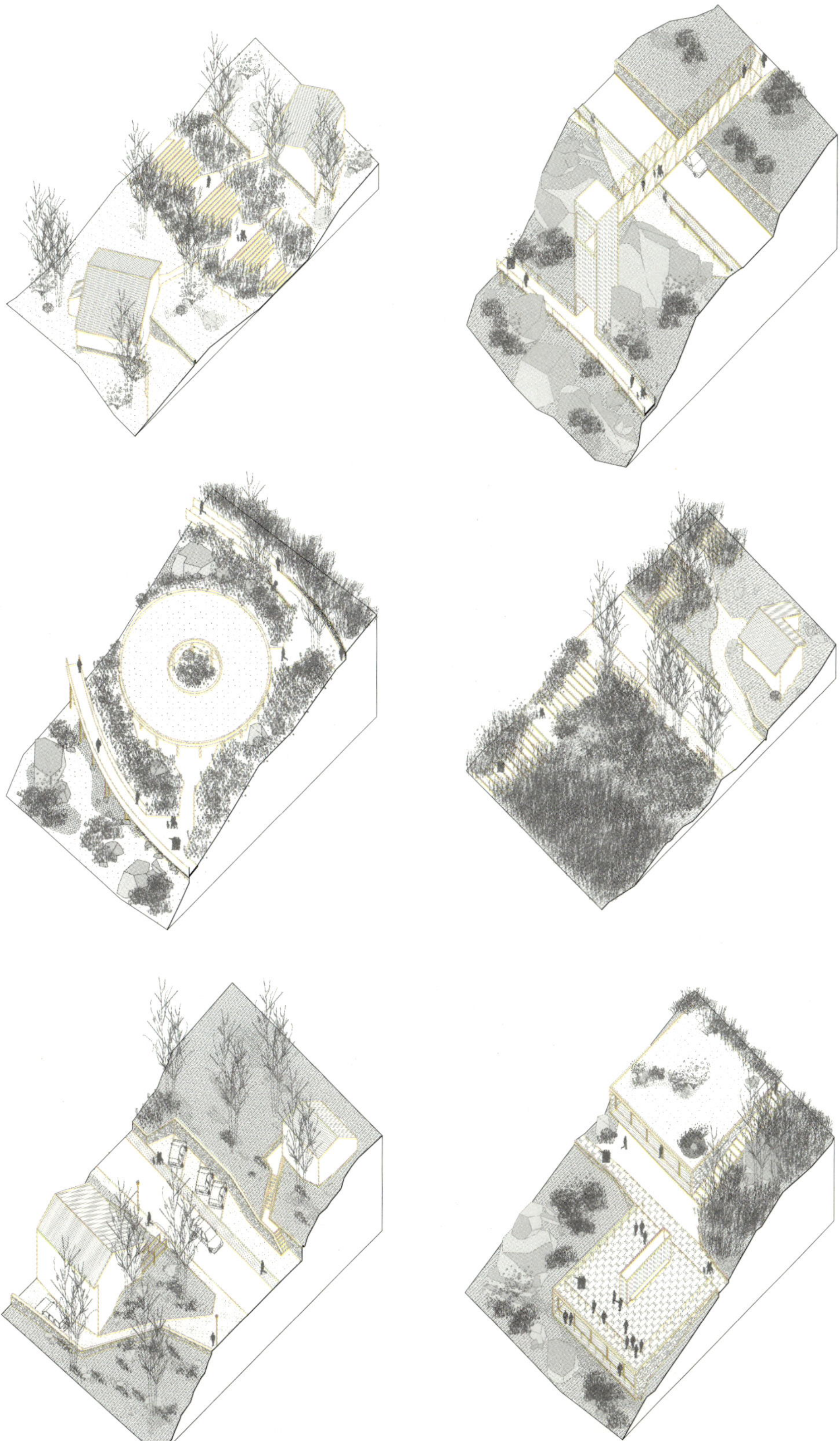

Detalles de secciones axonométricas / Details of axonometric sections

A Conversation in Two Movements. Pedro Hernández Martínez and Guillermo Hevia García

October 2016 | Santiago de Chile

Pedro Hernández: It seems to me of special importance to have a proper notion of the public realm. I think it goes beyond traditional ideas. It seems more like the will of architecture itself to articulate a certain sense of commonality, rather than simply of publicness. How do you understand this notion of the public realm or of public infrastructure?

> Guillermo Hevia: I have understood the public realm not only in terms of this division between public and private property, but of something that has to do with a sort of common good, where a completely private project can have a public role, in two ways. The first would be the internal dynamics: how the design responds to its own logic which, in the case of a residence, a school, or an office, is how the public spaces of the place are understood in relation to the private spaces. Perhaps this is the equation that can be applied: to generate spaces that foster more casual encounters. The second idea involves the impact that a given project, including a private one, may have on its surroundings. In the case, for example, of a house, the way it relates with the exterior is very important. Whether or not it is aligned with the context, and how generous it is toward its inhabitants or with pedestrians, where we are dealing with totally different dynamics. In the case of an office building, the way the public spaces of the building function is fairly open to view, but so above all is its relationship with the context: how such buildings are arranged, their relation to the public surroundings, how a public plaza is constructed. Even if it is a space in the building, it can be something that is offered to the city or something that tends to become more private. There is a public element and a private element implicit in every project, and the challenge of the architect is to address this problem of the way users will interact both among themselves and with the project.

PH: There is always a response to the context in your works, though they themselves also generate context. In the case of the project for the Young Architects Program there is a very clear intention to create a particularly strange event. In that of the offices for the Pedro, Juan y Diego advertising agency, with its reformulation of certain aspects of memory, the exterior space seems to be an extension of the street...

> GH: I would like to answer by dealing first with the office project. We realized that there are two very clear ways to organize an office. One is with a free plan, an open, empty space; the other is with a sectionalized plan, in which private spaces tend to be generated. For us, both models were obsolete, in the sense that sectionalized spaces tend to separate people, leading to very little interaction. In an office designed for creative work, it seemed much more important to be able to generate casual encounters and a freer manner of working, without falling into anything excessively playful. The free plan, when all is said and done, fosters a sort of dehumanization, as

Conversación a dos tiempos. Pedro Hernández Martínez y Guillermo Hevia García

Octubre 2016 | Santiago de Chile

Pedro Hernández: Me parece de especial valor que posee una propia noción de lo público. Creo que va más allá de las ideas tradicionales, más bien aparece una voluntad en la que la arquitectura articula cierto sentido de lo común, más que de lo público. ¿Cómo entiendes tú esta idea de lo público o de infraestructura pública?

Guillermo Hevia: Lo público lo he entendido no solamente con esta división de propiedad entre lo público y lo privado, sino como algo que tiene que ver con una especie de bien común, donde un proyecto completamente privado puede tener un rol más publico, desde dos formas. La primera sería la dinámica interna, cómo el proyecto responde a sus propias lógicas, que, en el caso de una vivienda, un colegio o una oficina, es cómo se entienden los espacios colectivos de ese lugar en relación a los espacios privados. Quizá ésa es la ecuación que se puede manejar: generar lugares que propicien los encuentros más casuales. La segunda idea es la relación con el impacto que cierto proyecto, eventualmente privado, puede tener con su entorno. En el caso, por ejemplo, de una casa, la manera cómo se relaciona con el exterior tiene mucha relevancia. Si se alinea con el contexto o no, cuán generosa es con los habitantes o con los peatones, entrando en dinámicas que son totalmente distintas. En el caso de un edificio de oficinas, la forma en la que funcionan los espacios públicos de ese edificio se hace bastante patente pero, sobre todo, es la relación con el terreno: cómo se emplazan estos edificios, cuál es la relación con lo público, cómo construye una plaza que, si bien es un espacio del edificio, puede ser algo que se entrega a la ciudad o que tiende a privatizarse. Cada proyecto tiene implícita la condición de lo público y lo privado, y el reto del arquitecto es cómo enfrenta este problema y la manera en la que se relacionan los usuarios entre sí y con el proyecto.

PH: Hay siempre una respuesta al contexto en tus obras, sin embargo, tus obras generan contexto. En el caso del proyecto para el Young Architects Program hay una intencionalidad muy clara de crear un evento particularmente extraño; o en la oficina para la Agencia de Publicidad Pedro, Juan y Diego, donde se replantean siempre aspectos de la memoria o donde pareciera que el espacio interior es una extensión de la calle...

GH: Primero quisiera responderlo desde el proyecto de la oficina. Nos dimos cuenta que existen dos maneras muy claras de cómo organizar una oficina. Una es una planta abierta o libre, que es el espacio vacío; la otra es la planta sectorizada, donde se tienden a hacer espacios privados. Para nosotros ambos modelos eran obsoletos, en el sentido de que los espacios sectorizados tienden a separar a la gente y ocasionan muy poca interacción entre las personas. En una oficina que está destinada a la creación, parecía mucho más importante poder crear encuentros casuales y una manera mucho más libre de trabajar, sin caer por ende en una cosa excesivamente lúdica. La planta

you begin to understand persons as numbers, in a way, with many genuine aspects of personality and privacy being lost. We were interested in creating what we call a fluid space where, even though the plan was completely free, we could make the most of certain structural elements. Much more robust elements began to appear, in a plan with singular angles and a particular geometry. Three volumes are associated and emerge as private space for more strategic programs.

The design of the pavilion for the Parque Araucano consists of two parts. It was with the office itself that we explored certain imaginaries that, for us, give meaning to the design. Once it was built and opened to the public, there appeared a dimension of which we were unaware: precisely that public dimension, wherein people begin to interact with a design with which they are necessarily unfamiliar. A very interesting relation is generated between the intentions one has when designing and building and the way people actually connect with the design. The basic theme was reflection, which provokes multiplications, deformations, and new experiences, and the interesting thing is that those who have visited the pavilion have interacted with the design in different ways at different times of day. It was fascinating to see how this interaction developed, to the point where people began to touch the building. And reflections and multiplications appeared, almost like a kind of moving choreography that involved both the visitors and the pavilion itself. Another interesting thing is that, unlike other designs, which may turn out to work esthetically without the presence of people, this one seemed empty and less interesting before it began to fill up with people: then it became more complex and started to appear countless situations. That was much more interesting than looking at it from a certain distance, completely deserted.

PH: With neither project do you ever get an entirely clear image. You can't understand how it is a pavilion or how it is an office at first glance. They are places you have to walk through and, in a way, they work with chance and random encounters. On the other hand, there are projects that need people to connect with them. They do not assume a passive attitude: they need to be active and, without projecting iconic forms, they lead you to a direct confrontation with the user.

GH: In both projects a fundamental aspect is the construction of a series of situations which begin to make sense as they begin to be inhabited or used by people, whether the regular users of the building or occasional visitors. In the case of the pavilion, this is even more evident, something visible to the eye, even when you compare photographs of the project with and without people in them. Without people it is much less attractive and seems to move into the ambit of sculpture. When users appear, it seems to take on life, to emerge from the purely esthetic dimension and be transformed into an architectural project of which people are a fundamental part.

PH: I discern a certain indeterminacy in your designs as regards their use or program. There is no clear indication of how they are to be used. Is that your way of doing architecture?

GH: I believe each design entails a certain set of conditions, which are always different. Although I do think that form is always fundamental –that it is the way to give a concrete response to one's intentions–, in certain designs it is not necessarily the most important factor, which is rather the creation of a series of situations.

There are designs that cannot be understood from just four or five vantage points: the way to relate to them is through thousands of vantage points, as different

abierta, en el fondo, genera una suerte de deshumanización, ya que empiezas a entender a las personas como una especie de número, donde se pierden mucho aspectos genuinos de la personalidad y la privacidad. Nos interesó hacer lo que llamamos un espacio fluido, donde, si bien teníamos una planta completamente abierta, podíamos ver en los elementos estructurales una cierta oportunidad. Empezaron a aparecer elementos mucho más robustos, con una planta con elementos resultantes y una geometría particular, con ángulos singulares, donde tres volúmenes quedan asociados y aparecen como espacios privados para programas más estratégicos.

En el pabellón para el parque Araucano, ese proyecto tiene dos partes: una, la propia oficina, donde nosotros investigamos ciertos imaginarios que, para nosotros, dan sentido al proyecto; una vez que lo construimos y se abrió al público, apareció una dimensión de la cual nosotros no estábamos tan conscientes y que es precisamente esa dimensión pública, en la que la gente empieza a interactuar con un proyecto que, necesariamente, no se sabe lo que es. Se produce una relación muy interesante entre las intenciones con las que uno diseña y construye y la manera en que las personas se relacionan con ese proyecto. El tema fundamental era la reflexión, que provoca multiplicaciones, deformaciones y experiencias inéditas, y lo interesante es que los que lo visitaban interactuaban a distintas horas del día y de distintas formas con el proyecto. Era muy interesante cómo esa interacción se producía al punto que llegaban a tocarlo; aparecían reflejos y multiplicaciones, casi como una especie de coreografía en movimiento de la gente y del pabellón. Otra cosa interesante es que, a diferencia de otros proyectos que estéticamente pueden llegar a funcionar sin la presencia de personas, éste era un proyecto vacío y era menos interesante que cuando estaba con una mayor capacidad de gente, ya que se volvía más complejo y comenzaban a aparecer una infinidad de situaciones. Eso era mucho más interesante que mirarlo con una cierta distancia y completamente desierto.

PH: En ambos proyectos nunca tienes una imagen muy clara. No puedes entender cómo es el pabellón o cómo es la oficina de un solo vistazo. Son lugares que tienes que recorrerlos y que, en cierta manera, están trabajando con el azar o las casualidades del encuentro. Por otra parte, son proyectos que necesitan que la gente se relacione con ellos, no tienen una actitud pasiva, necesitan estar activos y, sin tener formas icónicas, te llevan a una confrontación directa con el usuario.

GH: En ambos proyectos es fundamental la construcción de una serie de situaciones que empiezan a tener sentido en la medida en que empiezan a ser habitados o usados por personas, ya sean usuarios propios o visitantes esporádicos. En el caso del pabellón, esto se hace aún más evidente y es algo que se ve, incluso, cuando comparas el registro o las fotografías de este proyecto con o sin personas. Sin personas es mucho menos atractivo y parece entrar en el ámbito de la escultura. Cuando aparece el usuario pareciera tener vida, sale de la dimensión estética y se transforma en un proyecto arquitectónico donde las personas son parte fundamental del proyecto.

PH: Encuentro en tus proyectos una cierta indeterminación con el programa o el uso. No hay una claridad de cómo se va a usar, ¿es ésa tu manera de hacer arquitectura?

GH: Creo que cada proyecto plantea ciertas condiciones que son distintas una de la otra. En ciertos proyectos, si bien pienso que la forma siempre es fundamental o que

elements begin to interact that never manage to coalesce into a single element or image, into a single way of understanding them. There are other cases, when it is a question of the design of works closer to the typology of a building, with more concrete programs or much more defined geometries, in which that begins to be more legible. For example, in the case of the Jean Mermoz School, this is much more evident: it is a project with a much more concrete and recognizable form, which nevertheless begins to generate different situations in function of the different patios and spaces. These are works which, rather than remaining very compact, tend to unfold and spread out in a complex way on the site.

PH: Although these imaginaries of which you speak are present in your designs, I believe there is another very important part in your work: technique, the technical translations of these referents. How do you do this? How do make that effort to translate into something tangible something that affects me in one way and affects you in another?

GH: In the work we have done so far at the firm, and which we are developing at the moment, that aspect of the imaginaries is always present. It may be a more abstract aspect of the work, which gives it a certain meaning. On the other hand, there is our belief in architecture that is actually going to be built. It is important to me, at any rate, that the designs I make be designs that are going to be realized, and not simply design manifestos or speculations about form, regardless of whether the design is for a competition and may therefore remain in that state, if it doesn't happen to be the winning entry. The intention is always to undertake a real project. This begins with the way the design is represented, with the drafting of the plans. The representation of a design is very important to me, conceived in terms of how things are going to be built and how they are best going to be materialized, and the design of the constructive solutions that will be required with the resources available. That is something that has also led us to draw up a series of prototypes for each design, which allow us to try out our ideas and, when the moment arrives for them to be realized, to carry out projects that are completely feasible, that do not remain at the design stage in a premeditated way.

PH: That do not remain simply as an image...

GH: I am not interesting in simply producing a manifesto. It seems to me that making a design is something a lot easier than producing a good constructed work. A little while ago I was at a lecture by Gerardo Caballero. He said that, basically, an idea dies when the project begins to be built, and I think there was something very important there, because when designs enter the execution stage, a series of forces that cannot be controlled begin to appear: the client (whether public or private), the budget, certain material restrictions, etc.

The design, on paper, permits and withstands anything. When a design begin to be executed, however, a complexity emerges, which is what most interests me. You are faced with a challenge, where the interesting thing is to reconcile your own intentions for the design with the intentions of a certain community: the jury, in the case of a competition entry, or a private client, or whoever. As these two worlds begin to overlap, the more real, more complex, and more interesting dimension of the project appears. If I were to execute my own design and set the rules of the game myself, it would be as if I were avoiding a whole series of problems and complexities entailed by a project.

es la manera de dar una respuesta concreta a sus intenciones, no es necesariamente el factor más importante, sino que es la creación de una serie de situaciones.

Hay proyectos que no se entienden a partir de cuatro o cinco puntos de vista, sino que la manera de relacionarte con ellos es mediante miles puntos de vista, desde los que empiezan a interactuar diferentes elementos que nunca logran condensarse en un sólo elemento o imagen, en una única manera de entenderlos. Hay otros casos, cuando se trata del diseño de piezas más cercanas a un edificio, que tienen un programa más concreto o geometrías mucho más definidas, en las que eso empieza a ser más legible. Por ejemplo, en el caso del Colegio Alianza Francesa Jean Mermoz esto es mucho más evidente, es un proyecto que tiene una forma mucho más concreta y reconocible y que, sin embargo, va creando distintas situaciones en función de los diferentes patios y lugares. Estos son trabajos que, más que ser muy compactos, tienden a desenvolverse de manera compleja y extendida en el suelo.

PH: Si bien en tus proyectos están presentes estos imaginarios de los que hablas, también creo que en tu trabajo hay una parte muy importante: la técnica, la traducción técnica de esos referentes. ¿Cómo haces eso? ¿Cómo haces ese esfuerzo de traducir algo que a mí me afecta de una manera y a ti de otra en algo tangible?

GH: En el trabajo que hemos hecho en la oficina antes, y el que desarrollo actualmente, está siempre presente esta parte de los imaginarios que puede ser una dimensión más abstracta del trabajo que da cierto sentido. Por otro lado, existe la creencia en una arquitectura para ser construida, o por lo menos a mí me parece importante que los proyectos que diseño sean proyectos pensados para realizarse, y no meramente proyectos tipo manifiesto o de especulación formal, independientemente que el proyecto sea un concurso y que pueda quedar sólo en ese estado, si es que no resultó ganador. La intención en el trabajo es siempre hacer un proyecto real. Eso parte de la manera de cómo el proyecto se representa, del dibujo planimétrico. La representación de un proyecto, en mi caso, es un tema bastante importante, pensado en cómo las cosas se van a construir y en cómo se van a materializar de la mejor manera posible, y con los recursos existentes, el diseño de las soluciones constructivas que sean necesarias. Eso es algo que también nos ha llevado a elaborar una serie de prototipos en cada proyecto, que son lo que nos permite poner a prueba nuestras ideas y que, llegado el momento de hacerse, permiten tener proyectos totalmente materializables, que no queden en un estado de proyecto de manera premeditada.

PH: Que no queden como una sola imagen...

GH: No me interesa que queden en cosas que sean un simple manifiesto. Me parece que hacer un proyecto de eso es algo mucho más fácil que hacer una buena obra construida. Hace poco estuve en una conferencia de Gerardo Caballero. Él dijo que, en el fondo, una idea muere cuando empieza el proyecto y me pareció que ahí había algo bastante relevante, puesto que ya cuando los proyectos entran en una etapa de ejecución, empiezan a aparecer una serie de fuerzas que uno ya no puede controlar: el cliente —sea éste el aparato público o un cliente privado— el presupuesto, ciertas restricciones materiales, etc.

El proyecto, en su estado de papel, aguanta y permite todo. En cambio, cuando los proyectos empiezan a materializarse, surge una complejidad que a mí es lo que más me interesa; aparece un desafío, donde lo interesante es lograr el cruce de

March 2018 | Mexico City

PH: When I interviewed you in 2016, you had just established your own firm. What has changed in your working process over this period?

GH: The first thing is the systematization of the processes we carry out in the firm. Although the line of the projects has remained steady, there has been a certain focus on some public competitions: another line of research has appeared, and our experimentation has begun to take on greater continuity and greater consistency. What is interesting about this line of research is that we are beginning to study certain cases, certain themes... There is an organization and a deeper study of the imaginaries, which are the substratum both of the more professional projects, which begin to draw on this line, and of the more experimental projects.

Another thing is that we have begun to experiment a great deal with models: a more physical version of things, an attempt to work with prototypes that was formerly just at an incipient stage.

PH: What function do those imaginaries now play?

GH: They are a process that that accompanies the project at every stage. There are cases, such as certain competitions where a very clear strategy has to be defined, in which they emerge at a fairly early stage. It is a question of beginning not so much by developing a design as by constructing an entire world around it. This is reflected, for example, in a pavilion that was the winning entry in a recent competition: the Inverted Dome pavilion. Our design sought to bring out the value of recycling the plastic that is polluting our oceans. Hence all those images of islands of plastic floating at random, but also the pier constructions propped up with wood. The design of the pavilion started from those two variables.

We have also made a more critical study of the imaginaries. In the first stage, while some elements were very important, there were others that were perhaps not as relevant. We have reviewed them all: those that were not as relevant have been eliminated and the ideas have been greatly condensed. Also, whereas before the sources and origins could be less familiar, today there is a concern with clearly establishing the original reference: where it comes from, what its format is, etc. The idea is that each one of these pieces, out of which the work is composed, can then be translated, not remaining simply an image on paper, but becoming something that contains much deeper information about the project.

Basically, you gather up these things that are turning around in your subconscious, but it is only when they begin to derive from a certain source and relate to other worlds, to establish links, that the real exploration commences. For example, in Species of Spaces there was an interest in the drawings of vases by Alvar Aalto, and as soon as one starts exploring that, bridges start connecting to other works, such as those of Hans Arp.

At the same time, it is a question of analyzing things about which there is very little information, even if they happen to be known. For example, in the case of the low-cost housing development The Grid and the Archipelago, there is an interest in certain noteworthy early-twentieth-century projects. We studied a particular case, the Conjunto Los Andes in Buenos Aires, designed by Fermín Bereterbide. When

las intenciones que uno tiene para con ese proyecto y las intenciones de una cierta comunidad, un jurado cuando se trata de un concurso, un cliente privado o quien sea. En la medida en la que esos dos mundos empiezan a superponerse es cuando aparece la dimensión más real, más compleja y más interesante del proyecto. Si yo hago un proyecto que yo diseño y al que le pongo mis propias reglas del juego, es como evadir una serie de complejidades y problemas que tienen las obras.

Marzo 2018 | Ciudad de México

PH: Cuando te entrevisté en 2016, acababas de comenzar tu propio estudio. ¿Qué ha cambiado en tu proceso de trabajo en este tiempo?

GH: Lo primero es una sistematización de los procesos que llevamos en la oficina. Si bien la línea de los proyectos se ha mantenido, sí ha habido un cierto enfoque en algunos concursos públicos; ha aparecido una línea más de investigación, y la de experimentación ha empezado a tomar mayor continuidad y mayor cuerpo. Lo interesante de esta línea de investigación es que empiezan a estudiarse ciertos casos, ciertas temáticas, hay una organización y un estudio más profundo de los imaginarios, que son el sustrato tanto de los proyectos de carácter más profesional, que empiezan a alimentarse de esa línea, como de los proyectos de carácter más experimental.

Otra cosa es que hemos empezado a experimentar mucho con trabajo de maquetas; una versión más física de las cosas, con un desarrollo de prototipos que antes era bastante incipiente.

PH: ¿Qué función tienen ahora los imaginarios?

GH: Son un proceso que acompaña al proyecto en todas sus etapas. Hay casos, como ciertos concursos donde hay que definir una estrategia muy clara, en los que se presentan en una etapa bastante inicial, donde, más que partir desarrollando un proyecto, se comienza por construir todo un mundo en torno a él. Eso, por ejemplo, está reflejado en un último pabellón del que ganamos recientemente el concurso: el Pabellón Domo Invertido. Este proyecto buscaba poner en valor el reciclaje del plástico que contamina los océanos. Ahí aparecieron todas esas imágenes de las islas de plástico que flotan a la deriva, pero también de las construcciones de muelles apuntalados en madera. A partir de esas dos variables parte el diseño del proyecto.

También se ha hecho un estudio más crítico de los mismos. En la etapa inicial, si bien había elementos que tenían mucha importancia, había otros que quizá no eran tan relevantes. Hemos realizado un trabajo de revisión: se han eliminado los que no iban al caso, condensando mucho más las ideas. Además, si bien antes las fuentes y orígenes podían ser más desconocidos, hoy en día existe una preocupación por establecer de forma clara la referencia original: de dónde viene, cuál es el formato, etc. Se trata de que cada una de estas piezas, que también componen la obra, se pueda luego trasladar y que no quede sólo como una imagen sobre el papel, sino que contenga una información mucho más profunda del proyecto.

En el fondo, uno va recogiendo esas cosas que están en el inconsciente, que van dando vueltas, pero en el momento que empiezan a tener una cierta fuente y a relacionarse con otros mundos, a establecer vínculos, es cuando hay una verdadera

we began to research, we found there was very little information available. So I took advantage of a trip to the city to draw up a registry of the project, and from that we produced an exhaustive representation, with elevations, plan views, axonometric projections, and details. A kind of information was obtained that had not existed before. And although the project is very different from ours, it did help us to become aware of certain themes and to construct with greater understanding.

PH: Recently you have also begun to intervene into previous constructions. How do you operate vis-à-vis a preexisting structure?

GH: You can make the decision to preserve, or you can do what is often done in Chile, which is to demolish in order to start over and make something new. The second option ends up effacing whatever little history a neighborhood may still have. When you tear down one building, the relation of the other constructions to the street is lost: the neighborhood begins to come apart.

Conserving, on the other hand, can be an interesting opportunity. In the interventions that have come my way, I have never dealt with projects in their original state. There has always been a series of prior interventions, generally of poor quality. The first step is to clean things up, to return things to their original state. A second process is to update the uses to which the building will be put, to make them more public, connecting a series of spaces to make for a certain kind of activity. There is also a certain interest in linking the interior with the exterior. Since they are projects on small urban lots, we try to give a more urban dimension to the open spaces: to define the party walls, to generate a program, to create a space with water or shade –aspects that make it possible activate exterior space. Finally, there is the need to expand or build something new. In these cases, we have worked by contrasts, bringing out the different layers and strata the projects have acquired. However little interest or value the underlying history may have, I do believe that when you begin to preserve all that in a certain place, stronger connections begin to emerge.

PH: That reminds me a little of what you were saying about imaginaries. Does it function in the same way? Is a complete representation of these constructions also made?

GH: Yes. By redrawing these projects that already exist, by taking their measure, you begin to understand their internal logic. Regardless of the quality, there are always rules. It is a question of understanding the underlying order so that, once you intervene, your own design may be in tune with the rest and be as economical as possible, not in the sense of costing little, but rather in terms of understanding the original construction and being able to relate it to the new one. It is not simply a matter of adding on: there has to be a certain sense to it.

PH: Is that what you are looking for in your designs: a sense of order?

GH: Order is a notion that underlies all design: in both the way the design process is approached and the way the things themselves are constructed.

PH: In the same sense, you have already mentioned that you are interested in establishing a certain system when you design. Why? What advantages does the idea of a system offer?

investigación. Por ejemplo, en Especies de Espacios había un interés por los dibujos de jarrones de Alvar Aalto y, en seguida, como uno está dentro de esa investigación, se tendieron puentes con otros trabajos, como el de Hans Arp.

Por otra parte, se trata de analizar casos que, pudiendo ser muy conocidos, hay poca o escasa información sobre ellos. Por ejemplo, en el caso del conjunto de vivienda colectiva La grilla y el archipiélago, hay un interés por ciertos conjuntos notables de inicios del siglo XX. Estudiamos un caso particular, el Conjunto Los Andes de Fermín Bereterbide, en Buenos Aires. Buscando información, nos dimos cuenta que había muy poca. Aproveché un viaje a la ciudad para registrar el conjunto; a partir de eso, hicimos un levantamiento muy exhaustivo, con planimetrías, axonometrías y detalles. Ahí se obtiene una información que antes no existía. Si bien este proyecto es muy distinto del nuestro, sí sirve para tomar consciencia de ciertos temas y para construir un conocimiento nuevo.

PH: En este tiempo también has empezado a intervenir sobre construcciones previas. ¿Cómo operar frente a la preexistencia?

GH: Tú puedes tomar una decisión, que es la de conservar, u otra, que se usa mucho en Chile, que es la de demoler para volver a hacer algo nuevo. Esta segunda línea termina por borrar la poca historia que puede tener un cierto barrio. Cuando demueles un edificio, la relación que las construcciones tenían con la calle se pierde; se empieza a deshacer el barrio.

Conservar es una oportunidad bastante interesante. En las intervenciones que me ha tocado hacer, nunca encuentras los proyectos en su estado original, sino que aparecen una serie de modificaciones, generalmente de mala calidad. Una primera revisión es la de limpiar, devolverlo al estado original. Un segundo proceso pasa por actualizar de nuevo esos usos, volverlos más públicos, conectando una serie de recintos para potenciar un cierto tipo de vida. También hay un cierto interés por vincular el interior con el exterior. Al ser proyectos en lotes urbanos y pequeños, se intenta dar una dimensión más urbana a los espacios abiertos: definir los medianeros, dar un programa, crear un espacio de agua o una sombra,... aspectos que te permiten activar el espacio exterior. Por último, aparece la necesidad de ampliar o de construir algo nuevo. En esos casos, hemos operado por contraste para hacer evidentes los distintos estratos y capas que van teniendo los proyectos. Por mucho que la historia que tenga detrás pueda no tener mucho valor o no ser muy interesante, sí creo que cuando en un lugar empiezas a conservar todo eso, empieza a aparecer una vinculación más fuerte.

PH: Eso me recuerda un poco a lo que comentabas de los imaginarios. ¿Funciona igual?, ¿también se hace un levantamiento completo de estas construcciones?

GH: Sí. Al redibujar estos proyectos que ya existen, al empezar a medirlos, uno empieza a entender las lógicas internas del proyecto. Y por mucha o poca calidad que tenga, siempre existen unas reglas. Se trata de entender el orden que hay detrás para que, una vez que lo intervengas, tu proyecto vaya en sintonía con eso y que sea lo más económico posible, no en un sentido de que cueste poco, sino de que pueda entender la construcción original y empezar a relacionarla con la nueva estructura. No es sólo una cuestión de añadir, sino de que haya un cierto sentido.

GH: Designing closed objects has a certain complexity: everything is very particular, and that unleashes a series of details, of drawings, a certain development which, in a small firm like mine, where there are only two people, makes it very difficult to handle all the work involved.

System interests me a great deal. It can be understood in two ways. First, as an order, embracing projects such as Species of Spaces, which consists of three pieces that begin to be repeated but allow for infinite variations: many spaces, all more or less intricate. You can resolve different lines by means of the same system. The second way is defined by means of repetitions. We have tried that out in two projects: a house in southern Chile, where a section is repeated to configure a square, an idea we were also able to try out in the Inverted Dome pavilion, where there is also a single section repeated to form a ring. An interesting theme emerges from this notion of repetition: the way a section which is uninteresting in itself can be repeated to construct a certain space.

PH: I was just thinking that you seem to be more interested in defining the strong, solid part and then just letting life go on its way. Is your architecture more concerned with defining a structure that provides a support for life and less concerned with defining a use?

GH: Basically there is nothing particularly gestural or very intuitive in my designs: there is always rather the need to lay down *a priori* rules. It is these rules that can be understood as an order, which works either by defining the context that is to feed into the project, setting up a series of restrictions by which you must abide, or by establishing a constructive order, which is something that greatly interests me and has begun to appear in recent projects, where the structures are much more visible.

In recent designs, the structure is always fairly evident, and that is closely related to the notion of order. There are always measures that begin to be repeated. The projects are conceived as roughly finished works, rather than skeletons to be later clad in a skin.

Although I do not aim for flexibility, many architectures that interest me have been able to change over time: architectures that possess an order that allows them to be used afterwards for many different things.

Pedro Hernández Martínez | Murcia | 1984 | Architect by the University of Alicante and Editorial Coordinator of Arquine from 2013 to 2018.

PH: ¿Es eso lo que estás buscando en tus proyectos, un orden?

GH: El orden es un tema que subyace todos los proyectos: tanto en la manera en la que uno llega al proyecto como en la forma en la que las cosas se construyen.

PH: En ese mismo sentido, ya has mencionado antes que te interesa establecer cierto sistema a la hora de proyectar. ¿Por qué?, ¿qué ventajas te permite la idea de un sistema?

GH: Diseñar objetos cerrados tiene una complejidad: todo es muy particular, y eso va desencadenando una serie de detalles, de dibujos, un cierto desarrollo que en una oficina, pequeña como la mía, donde somos dos personas, cuesta bastante abarcar toda esa cantidad de trabajo.

El sistema me interesa bastante. Se puede entender de dos maneras. Primero, como un orden, en donde se engloban proyectos como el de Especies de Espacios, que son tres piezas que empiezan a repetirse pero que permiten infinitas resultantes: muchos espacios, más o menos intrincados. Puedes resolver distintos trazados a partir del mismo sistema. El segundo punto se define a partir de repeticiones. Eso lo hemos testeado en dos proyectos: una casa en el sur de Chile, donde una sección se va repitiendo hasta configurar un cuadrado; esa idea se pudo poner a prueba en el Pabellón Domo Invertido, donde también una única sección se repite formando un anillo. En la repetición aparece un tema muy interesante: cómo una sección, por sí misma, no produce mucho interés, pero que una vez que la repites empieza a construir un cierto espacio.

PH: Justo pensaba que pareciera que te interesa más definir la parte sólida, fuerte, y permitir después que la vida pueda ocurrir. ¿Está tu arquitectura más preocupada por definir una estructura que dé soporte a la vida y menos por definir un uso?

GH: En el fondo no hay un trabajo muy gestual, o una cosa muy intuitiva en los proyectos, sino que siempre está la necesidad de establecer ciertas reglas a priori. Esas reglas es lo que uno puede entender como un orden, ya sea por definir cuál es el mundo que alimenta el proyecto y que te establece una serie de restricciones, o ya sea estableciendo un orden constructivo, que es algo que me interesa bastante, y que es algo que empieza a aparecer en los últimos proyectos: hacer las estructuras mucho más visibles.

En los últimos proyectos la estructura es siempre algo bastante patente, y eso está muy relacionado con el orden. Siempre hay medidas que se empiezan a repetir. Los proyectos se empiezan a trabajar como obras gruesas, terminadas, más que como un esqueleto que después se reviste.

Si bien no hay un interés por lo flexible, muchas arquitecturas que me interesan son aquellas que han tenido la capacidad de ir mutando en el tiempo, esa arquitectura que tiene un orden que te permite usarla después para muchas cosas.

Pedro Hernández Martínez | Murcia | 1984 | Arquitecto por la Universidad de Alicante y coordinador editorial de Arquine de 2013 a 2018.

Créditos por proyecto
Credits by Project

Especies de espacios | Species of Spaces

Construido / Constructed
Arquitecto / Architect | Guillermo Hevia García
Colaborador / Project team | Felipe Droppelmann
Construcción / Contractor | Hunter Douglas Chile, Carlos Mella, Daniel Epelman
Ubicación / Location | Santiago, Chile
Año proyecto / Year of design | 2017
Año construcción / Year of construction | 2017
Superficie construida / Constructed surface area | 35 m²
Costo de construcción / Cost of construction | $10,000 USD
Fotografías / Photographs | Nicolás Saieh
Maqueta / Model | Guillermo Hevia García
Mobiliario / Furniture | A-Cero / Vitra

Memorial GBDC | GBDC Memorial

Proyecto / Design
Arquitecto / Architect | Guillermo Hevia García
Colaborador / Project team | Francesca Orlandi
Cálculo estructural / Structural calculation | Matías Hernández
Ubicación / Location | Nos, Santiago, Chile
Año proyecto / Year of design | 2017
Superficie terreno / Surface area of lot | 120 m²
Superficie construida / Constructed surface area | 42 m²
Costo de construcción / Cost of construction | $140,000 USD
Maqueta / Model | Diego Rivera

Los Bosques | The Woods

Concurso Estación Cero Constructo, 1er Lugar / Estación Cero Constructo Competition, 1st place
Arquitectos / Architects | Guillermo Hevia García, Nicolás Urzúa
Colaboradores concurso / Competition team | Eloy Bahamondes, Lucas Vásquez
Construcción prototipo / Prototype team | Patricio Parada, Cristóbal Parada
Ubicación / Location | Coronel, VIII Región del Biobío, Chile
Año proyecto / Year of design | 2013
Año construcción / Year of construction | 2014
Superficie construida / Constructed surface area | 60 m²
Costo de construcción / Cost of construction | $32,000 USD
Fotografías / Photographs | Nicolás Saieh
Maqueta / Model | Diego Rivera

Domo Invertido | Inverted Dome

Concurso Festival Lollapalooza Chile, 1er lugar, construido / Festival Lollapalooza Chile Competition, 1st place, constructed
Arquitecto / Architect | Guillermo Hevia García
Arquitecto asociado / Associate architect | Pedro Pablo González
Colaborador / Project team | Felipe Droppelmann
Construcción / Contractor | Alejandro Cepeda
Ubicación / Location | Parque O'Higgins, Santiago, Chile
Año proyecto / Year of design | 2018
Año construcción / Year of construction | 2018
Superficie construida / Constructed surface area | 175 m²
Costo de construcción / Cost of construction | $15,000 USD
Fotografías / Photographs | Nicolás Saieh
Maqueta / Model | Diego Rivera

Casa Tres Bóvedas - Ochoquebradas | Three-vault House - Ochoquebradas

Proyecto / Design
Arquitecto / Architect | Guillermo Hevia García
Arquitecto asociado / Associate architect | Valeria Muñoz Biggs
Colaborador / Project team | Felipe Droppelmann
Ubicación / Location | Los Vilos, IV Región Coquimbo, Chile
Año proyecto / Year of design | 2015
Superficie terreno / Surface area of lot | 5,032 m²
Superficie construida / Constructed surface area | 210 m²
Costo de construcción / Cost of construction | $1,100 USD/m²
Maqueta / Model | Diego Rivera

Casa en Providencia | House in Providencia

Construido / Constructed
Arquitecto / Architect | Guillermo Hevia García
Colaboradores / Project team | Francesca Orlandi
Construcción / Contractor | Patricio Parada, Cristóbal Parada
Ubicación / Location | Providencia, Santiago, Chile
Año proyecto / Year of design | 2017
Año construcción / Year of construction | 2017
Superficie terreno / Surface area of lot | 535 m²
Superficie construida / Constructed surface area | Reforma: 236 m²+ Nuevo: 60 m²
Costo de construcción / Cost of construction | $800 USD/m²
Fotografías / Photographs | Nicolás Saieh
Maqueta / Model | Diego Rivera

Casa con patio en Lago Ranco | House with patio in Lago Ranco

Construido / Constructed
Arquitectos / Architects | Guillermo Hevia García, Catalina Poblete
Colaboradores / Project team | Pedro Pablo González, Felipe Droppelmann
Cálculo estructural / Structural calculation | Enzo Valladares
Construcción / Contractor | Samuel Muñoz y Timber
Ubicación / Location | Lago Ranco , XIV Región de los Ríos, Chile
Año proyecto / Year of design | 2017
Año construcción / Year of construction | 2018
Superficie terreno / Surface area of lot | 15,000 m²
Superficie construida / Constructed surface area | 398 m²
Costo de construcción / Cost of construction | $ 1,300 USD/m²
Fotografías / Photographs | Guillermo Hevia García
Maqueta / Model | Diego Rivera

Tú Reflexión | You reflection

Concurso YAP_Constructo, 1er lugar, Construido / Young Architects Program, 1st place, constructed
Arquitectos / Architects | Guillermo Hevia García, Nicolás Urzúa
Colaboradores / Project team | Felipe Droppelmann, Cristian Fuhrhop, Cristóbal Montalbetti, Diego Rivera
Construcción / Contractor | Hunter Douglas S.A.
Ubicación / Location | Parque Araucano, Santiago, Chile
Año proyecto / Year of design | 2015
Año construcción / Year of construction | 2016
Superficie construida / Constructed surface area | 600 m²
Costo de construcción / Cost of construction | $35,000 USD
Fotografías / Photographs | Nicolás Saieh, Cristóbal Palma
Maqueta / Model | Diego Rivera

Agencia de publicidad Pedro, Juan y Diego | Pedro, Juan y Diego Advertising Agency

Construido / Constructed
Arquitectos / Architects | Guillermo Hevia García, Nicolás Urzúa
Construcción / Contractor | Patricio Parada, Cristóbal Parada
Ubicación / Location | Santiago, Chile
Año proyecto / Year of design | 2013
Año construcción / Year of construction | 2014
Superficie construida / Constructed surface area | 620 m²
Costo de construcción / Cost of construction | $ 810 USD/m²
Fotografías / Photographs | Nicolás Saieh
Maqueta / Model | Guillermo Hevia García
Mobiliario / Furniture | A-Cero / Vitra

Edificios de servicios Aceros Chile | Aceros Chile Service Building

Construido / Constructed
Arquitecto / Architect | Guillermo Hevia García
Arquitecto asociado / Contractor | Guillermo Hevia Hernández
Colaborador / Project team | Francisco Carrión
Cálculo estructural / Structural calculation | Alfonso Pacheco
Construcción / Contractor | Precon S.A
Ubicación / Location | Puente Alto, Santiago, Chile
Año proyecto / Year of design | 2015
Año construcción / Year of construction | 2017
Superficie terreno / Surface area of lot | 6,620 m²
Superficie construida / Constructed surface area | 1,016 m²
Costo de construcción / Cost of construction | $1,100 USD/m²
Fotografías / Photographs | Nicolás Saieh
Maquetas / Model | Diego Rivera

Colegio Alianza Francesa Jean Mermoz | Jean Mermoz School

Construido / Constructed
Arquitectos / Architects | Guillermo Hevia García, Nicolás Urzúa
Cálculo estructural / Structural calculation | Alfonso Pacheco
Construcción / Contractor | Luis Fariña
Ubicación / Location | Curicó, VII Región Maule, Chile
Año proyecto / Year of design | 2011
Año construcción / Year of construction | 2012 - 2015
Superficie terreno / Surface area of lot | 34,800 m²
Superficie construida / Constructed surface area | Reforma: 2,150 m² + Nuevo pabellón: 210m²
Costo de construcción / Cost of construction | $290 USD/m² - $590 USD/m²
Fotografías / Photographs | Nicolás Saieh
Maquetas / Model | Diego Rivera

La grilla y el archipiélago | The Grid and the Archipelago

Concurso público vivienda colectiva, 1er lugar / Public collective housing competition, 1st place
Arquitecto / Architect | Guillermo Hevia García
Colaboradores / Project team | Tomás Bressan, Felipe Droppelmann
Ubicación / Location | Renca, Santiago, Chile
Año proyecto / Year of design | 2016
Superficie terreno / Surface area of lot | 1,860 m²
Superficie construida / Constructed surface area | 6,750 m² - 450 m² c/edificio
Maquetas / Model | Diego Rivera

Espacios públicos y colectivos para Farellones | Public and Collective Spaces for Farellones

Concurso público, 2do lugar / Public competition, 2nd place
Arquitectos / Architects | Guillermo Hevia García, Ricardo Abuauad
Paisajismo / Landscaping | Francisca Saelzer
Colaboradores / Project team | Tomás Bressan, Felipe Droppelmann, Francisca Latrach, Valentina Villa
Ubicación / Location | Farellones, Región Metropolitana, Chile
Año proyecto / Year of design | 2016
Superficie intervención / Surface area of intervention | 30 ha.
Maquetas / Model | Diego Rivera

Colaboradores hasta la fecha / Collaborators to date:

Felipe Droppelmann
Pedro Pablo González
Diego Rivera
Francesca Orlandi (Milán, Italia / Milan, Italy)
Pierre Wutrich (Lausana, Suiza / Lausanne, Switzerland)
Tomás Bressan (Córdoba, Argentina)
Valeria Muñoz Biggs
Sebastian Ehrhardt (Düsseldorf, Alemania / Germany)

Eloy Bahamondes
Eduardo Carcavilla
Juan Pablo Corral
Teresita Echaurren
Cristian Fuhrhop
Francisca Latrach
Andrés Lira
Cristóbal Montalbetti
Carla Olivares
María Gracia San Martín
Tomás Tironi
Lucas Vásquez
Valentina Villa

Guillermo Hevia García | Santiago | 1986

Architect by the Pontificia Universidad Católica de Chile (2011) with Maximum Distinction, obtaining the School of Architecture Award and the Academic Excellence Award. Since 2012 he is professor at the Pontificia Universidad Católica de Chile, School of Architecture. He was nominated for Iakov Chernikhov Prize 2014 (Russia) and awarded the same year at the IX Bienal Iberoamericana de Arquitectura y Urbanismo (BIAU) Rosario, Argentina. In 2015 he was selected as Chilean representative in the IV Bienal de Arquitectura Latinoamericana (BAL) Pamplona, Spain and winner of the First Place in the competition YAP-Constructo (Young Architects Program of MoMA). He has been selected within the 100 Young Leaders 2016 by El Mercurio and the Adolfo Ibáñez University and he was nominated to the MCHAP and MCHAP Emerge in the IIT Chicago. In 2016, He obtained the First Place in the International Collective Housing Competition "Habitat Colectivo". He was finalist in the Debut Award of the Lisbon Triennial 2016 and invited to create a house in the Ochoquebradas project (Ochoalcubo) as a young architect. He won First Place in the Competition for the Lollapalooza Chile 2018 Pavilion. In 2017 he received the Young Promotion Award of the College of Architects of Chile, which recognizes the career of architects under 35 who are a model for his generation.

Fabrizio Gallanti | Genoa | 1969

Architect and writer. Gallanti was one of the founding members of gruppo A12 (1993-2004) and architectural research studio Fig-Projects. He was the editor of Abitare magazine and the associate director programs at the Canadian Centre for Architecture in Montreal (2011-2014). Gallanti has contributed numerous articles and essays for the international design magazine such as Domus and A+U.

Andrea Griborio | Mexico City | 1981

Venezuelan architect from the Universidad del Zulia (2003) with master's degrees in architecture and criticism from the Universidad Politécnica de Cataluña (2009 and 2011). She has edited books like *TALCA. Matter of Education* (2013), *RADICAL. 50 Latin American Architectures* (2016) and *Against the Tide* (2016) catalog of the Chilean Pavilion at the Venice Biennale. Since 2014 she is the director of MEXTRÓPOLI Architecture and City Festival.

Guillermo Hevia García | Santiago | 1986

Arquitecto por la Pontificia Universidad Católica de Chile (2011) titulado con Máxima Distinción, obteniendo el Premio Escuela de Arquitectura y el Premio de Excelencia Académica. Desde el 2012 es profesor de Taller en la Escuela de Arquitectura de la Pontificia Universidad Católica de Chile. Estuvo nominado al Iakov Chernikhov Prize 2014 (Rusia) y premiado el mismo año en la IX Bienal Iberoamericana de Arquitectura y Urbanismo (BIAU) Rosario, Argentina. En 2015 fue seleccionado como representante de Chile en la IV Bienal de Arquitectura Latinoamericana (BAL) Pamplona, España y ganador del Primer Lugar en el concurso YAP-Constructo 06 (Young Architects Program del MoMA). Ha sido Seleccionado dentro de los 100 Líderes Jóvenes 2016 por El Mercurio y la Universidad Adolfo Ibáñez y nominado al Premio MCHAP y MCHAP Emerge en el IIT Chicago. En 2016 obtuvo el Primer Lugar en el Concurso Internacional de Vivienda Colectiva "Hábitat Colectivo", fue finalista del Debút Award de la Trienal de Lisboa 2016 e invitado a realizar una casa en el proyecto Ochoquebradas (Ochoalcubo) como arquitecto joven. Obtuvo el Primer Lugar en el Concurso para el Pabellón Lollapalooza Chile 2018. En 2017 recibió el Premio Promoción Joven del Colegio de Arquitectos de Chile, que reconoce la trayectoria de arquitectos menores de 35 años que son un ejemplo para su generación.

Fabrizio Gallanti | Génova | 1969

Es arquitecto y escritor. Es uno de los miembros fundadores del gruppo A12 (1993-2004) y de Fig-Projets estudio de investigación arquitectónica. Fue editor de la revista Abitare y director asociado de programación del Centro Canadiense de Arquitectura en Montreal (2011 -2014). Ha escrito numerosos artículos y ensayos para revistas internacionales de diseño y arquitectura como Domus, A+U, entre otras.

Andrea Griborio | Ciudad de México | 1981

Arquitecta venezolana por la Universidad del Zulia (2003) con maestrías en arquitectura y crítica por la Universidad Politécnica de Cataluña (2009 y 2011). Ha editado libros como *TALCA. Cuestión de Educación* (2013), *RADICAL. 50 Arquitecturas Latinoamericanas* (2016) y *A Contracorriente* (2016) catálogo del Pabellón de Chile en La Bienal de Venecia. Desde 2014 es directora de *MEXTRÓPOLI Festival de Arquitectura y Ciudad.*

Acknowledgements

I want to thank Miquel Adrià and Andrea Griborio, from Arquine, for the invitation to make this monograph, for the confidence in my work and the constant support for my career. To Selene Patlán and Miguel Caballero for editing and coordinating this project, to Diego Beauroyre and Maira Fragoso, from Ápice, for the design of this book, to Fabrizio Gallanti for the article that opens this publication and to Pedro Hernández for the interviews that closes it. To Francisco Díaz and Ediciones ARQ for their collaboration in this publication.

I want to especially thank Patricio Mardones of Hunter Douglas Chile, Juan Benavides of Glasstech, Gabriel Barros of the Construction Company PRECON S.A. and Abishai Rovner de Bercia, who with their generous contribution and trust make this project possible and reality.

I would also like to thank Felipe Droppelmann, Pedro Pablo Gonzalez, Diego River , for its fundamental contribution, and all the collaborators who have worked with me during these years.

To thank my parents Guillermo Hevia H. and María Soledad García, for the tireless support.

Finally my wife Catalina Poblete and my son Guille, without their unconditional support and advice none of this would be possible.

Agradecimientos

Quiero agradecer a Miquel Adrià y Andrea Griborio, de Arquine, por la invitación a realizar esta monografía, por la confianza en mi trabajo y el constante apoyo a mi carrera. A Selene Patlán y Miguel Caballero por el trabajo de edición y coordinación de este proyecto, a Diego Beauroyre y Maira Fragoso, de Ápice, por el diseño de este libro, a Fabrizio Gallanti por el artículo que abre esta publicación y a Pedro Hernández por la entrevista que la cierra. A Francisco Díaz y Ediciones ARQ por su colaboración en esta publicación.
Quiero agradecer especialmente a Patricio Mardones de Hunter Douglas Chile, a Juan Benavides de Glasstech, a Gabriel Barros de la Empresa Constructora PRECON S.A. y a Abishai Rovner de Bercia, quienes con su generoso aporte y confianza hacen posible y realidad este proyecto.

Quiero agradecer también a Felipe Droppelmann, Pedro Pablo González, Diego Rivera, por su fundamental aporte, y a todos los colaboradores quienes han trabajado conmigo en estos años.

Agradecer a mi padres Guillermo Hevia H. y María Soledad García, por el incansable soporte.

Finalmente a mi mujer Catalina Poblete y mi hijo Guille, sin su apoyo incondicional y consejos nada de esto sería posible.

Créditos de imágenes
Image Credits

Especies de espacios | Species of Spaces

01. Reprografía / Reprography | Everything is connected, AKFB, Vitra AG, 2014, Alemania, págs. 88-89
02. Reprografía / Reprography | Case Study Houses, Elizabeth A. T. Smith, Taschen, Italia, 2002, pág. 103
06. Cortesía de / Courtesy of | Designmuseum, Helsinki
07, y 08. (Iittala / Fiskars Finland Oy Ab).
09. Cortesía de / Courtesy of | Alberto Vitelio
10, 11 y 12. Cortesía de / Courtesy of | 1stdibs'

Memorial GBDC | GBDC Memorial

01, 02 y 03. Cortesía de / Courtesy of | Andrés Durán Dávila
07. Fotografía / Photograph | Moritz Bernoully
08. Reprografía / Reprography | Las Torres de Ciudad Satélite, Fernando González Gortázar, Arquine, China, 2014, pág. 66
09. Fotografía / Photograph | Selene Patlán
10. Reprografía / Reprography | Las Torres de Ciudad Satélite, Fernando González Gortázar, Arquine, China, 2014, pág. 108
11. Cortesía de / Courtesy of | Archivo Fotográfico del Instituto de Investigaciones Estéticas de la UNAM
12. Reprografía / Reprography | Esrawe, Héctor Esrawe, Arquine, España, 2017, pág.107

Los Bosques | The Woods

04. Reprografía / Reprography | Icones plantarum cryptogamicarum :quas in itinere annis, MDCCXVII-MDCCCXX, per Brasiliam jussu et auspiciis Maximiliani Josephi I. Bavariae regis augustissimi instituto /collegit et descripsit Carol. Frideric. Philip. de Martius.
07 y 08. Reprografía / Reprography | Woodcut, Bryan Nash Gill, Princeton Architectural Press, 2012, China, pág. 45 y 91.
09. Cortesía de / Courtesy of | Mira Nakashima
10, 11 y 12. Cortesía de / Courtesy of | 1stdibs'

Domo Invertido | Inverted Dome

04, 05 y 06. Cortesía de / Courtesy of | Tan Zi Xi / messymsxi.com
08. Fotografía / Photograph | Joe Wolf + https://flic.kr/p/9snkvs
09. Fotografía / Photograph | Mark Mitchell + https://flic.kr/p/6xbuPd
10. Reprografía / Reprography | Niemeyer poeta da arquitetura, Jean Petit, Fidia edizioni d'arte lugano, Italia, 1998
11 y 12. Mario Salvadori/Bruno Funaro y estudiantes de Arquitectura e Ingeniería de la Universidad de Columbia, Nueva York. 1957. / http://www.tectonicablog.com/docs/CampColumbiaDome.pdf

Casa Tres Bóvedas - Ochoquebradas | Three-vault House - Ochoquebradas

01. Reprografía / Reprography | Revista 2G Nº 63, 2012, pág. 6, Representar el presente.
02. Imagen proporcionada por / Image provided by the Osher Map Library and Smith Center for Cartographic Education
03. Cortesía de / Courtesy of | The Panhandle-Plains Historical Museum.
04. Fotografía / Photograph | Daniel Prieto Labbé
05 y 06. Reprografía / Reprography | Case Study Houses, Elizabeth A. T. Smith, Taschen, Italia, 2002, pág. 312 y 313
08. Fotografía / Photograph | Juan Román Pérez
09. Fotografía / Photograph | Tomás Tironi
11. Reprografía / Reprography | Guía Candela, Juan Ignacio del Cueto Ruiz-Funez, Arquine, China, 2013, págs. 76 y 77

Casa en Providencia | House in Providencia

01, 02 y 03. Fotografía / Photograph | Guillermo Hevia García
04, 05 y 06. Fotografía / Photograph | Bas Princen
07, 08 y 09. ©Archive Olgiati.
11. Cortesía de / Courtesy of | Canadian Centre for Architecture
12. Fotografía / Photograph | seier+seier + https://flic.kr/p/9cYBYt

Casa con patio en Lago Ranco | House with patio in Lago Ranco

01, 02, 03, 05, 07, 08 y 09. Fotografía / Photography | Guillermo Hevia García
10. Fotografía / Photograph | Jean-Pierre Dalbéra + https://flic.kr/p/8wW12p

Tú Reflexión | You reflection

02. Reprografía / Reprography | Julio Le Parc: Form Into Action, Estrellita B. Brodsky, Pérez Art Museum, Pérez Art Museum and DelMonico Books, 2016, Alemania, págs. 98 - 99
05. Reprografía / Reprography | Edwards's Botanical Register, vol. 17: t. 1392 (1831) [J. Lindley]
09. Fotografía / Photograph | Andrea Griborio
10. Fotografía / Photograph | Guillermo Hevia García
11. Fotografía / Photograph | Selena N. B. H. + https://flic.kr/p/dzWcWE
12. Reprografía / Reprography | Francis Bacon, Tate Gallery, Tate Gallery Publications Department And Thames and Hudson Ltd, 1985, Gran Bretaña, pág. 81

Agencia de publicidad Pedro, Juan y Diego | Pedro, Juan y Diego Advertising Agency

03. Reprografía / Reprography | Louis I. Kahn, Ronaldo Giurgola, Gustavo Gili, España, 1980, pág. 185
05. Reprografía / Reprography | Louis I. Kahn: In the realm of architecture, David B. Brownlee, Rizzoli International Publications, 1991, pág. 413
06. Reprografía / Reprography | Calder´s universe, Jean Lipman, Harrison House, Estados Unidos, 1980, pág. 151
09. Cortesía de / Courtesy of | Museo Tamayo
10. Fotografía / Photograph | Vicky Lam
11 y 12. Fotografía / Photograph | Giuseppe Milo + https://flic.kr/p/ff2VSZ

Edificios de servicios Aceros Chile | Aceros Chile Service Buildings

01 - 12. Reprografía / Reprography | Bunker Archéologie, Paul Virilo, Paris, Les editions du demi-cercle, 1994, pag. 51, 53, 95, 107, 113, 130, 142, 145, 147 y 172

Colegio Alianza Francesa Jean Mermoz | Jean Mermoz School

03. Fotografía / Photograph | Егор Журавлёв + https://flic.kr/p/NjaKqJ
04, 05 y 06. Cortesía de / Courtesy of | Christo and Jeanne Claude
07 y 08. Reprografía / Reprography | Homage to the square. Josef Albers, Casa Luis Barragán, RM, China, 2009, pág. 45 y 47.
09. Cortesía de / Courtesy of | Steven Holl
10. Fotografía / Photograph | Ross Dunn + https://flic.kr/p/BoSu7a

La grilla y el archipiélago | The Grid and the archipelago

01. Estudios Atacameños: Arqueología y Antropología Surandinas N° 34, pp. 7-30 (2007)
05. Reprografía / Reprography | The City in the City Berlin: A Green Archipelago, Florian Hertwerck and Sébastien Marot, Alemania, Lars Müller Publishers, 2013, p. 50
06, 07 y 08. Reprografía / Reprography | The City in the City Berlin: A Green Archipelago, Florian Hertwerck and Sébastien Marot, Alemania, Lars Müller Publishers, 2013, p. 39, 145 y 164.
10. Reprografía / Reprography | Le Corbusier. Ideas and forms, William J. R. Curtis, Phaidon, China, 2015, pág. 272

Espacios públicos y colectivos para Farellones | Public and Collective Spaces for Farellones

01. Fotografía / Photograph | Cenital
02. Fotografía / Photograph | Pablo Trincado + https://flic.kr/p/cVJyCG
03. Fotografía / Photograph | Alturas Oceanicas + https://flic.kr/p/8QH8Z1
04. Refugio La Leonera Arquitectos: Nicolás del Río y Felipe Camus. Colaboradores: Malo Chabrol, Matthias J. Götz Ubicación: Farellones, Chile Área: 100 m² Año: 2014 Fotografía: Felipe Camus.
05. Fotografía / Photograph | Pablo Trincado + https://flic.kr/p/7TycVz
06. Cortesía de / Courtesy of | Lars J. Berge.
07. Fotografía / Photograph | Iwan Baan
08. Fotografía / Photograph | Steven dosRemedios + https://flic.kr/p/21K9CUh
09. Reprografía / Reprograph | Revista 2G N° 14, 2000, pág. 91, Construir en las montañas
10. Fotografía / Photograph | Relja Ivanić / https://www.reljai.com
11. Fotografía / Photograph | Andrea Griborio
12. Fotografía / Photograph | Eduardo Zárate + https://flic.kr/p/6b5yKy

Todo proyecto esconde un orden se terminó de imprimir y encuadernar en enero de 2019 en Asia Pacific Offset en China. Impreso en papel Enzo Classic 2.0. Para su composición se utilizaron las familias tipográficas *Atlas Grotesk* y *Mercury*. El tiraje fue de 2,000 ejemplares.

Every Design Conceals an Order was printed and bound on January 2019 by Asia Pacific Offset in China. It was printed on Enzo Classic 2.0 paper and set in typefaces of the *Atlas Grotesk* and *Mercury* families. The print run was 2,000 copies.

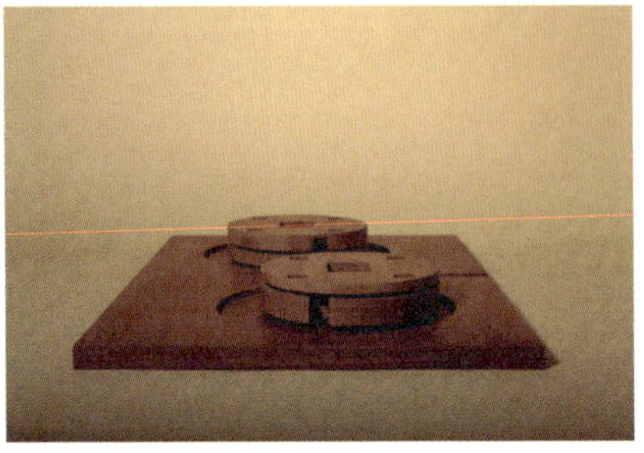